秩父事件再発見

民主主義の源流を歩く

ツルシ カズヒコ

新日本出版社

はじめに

私が文章を書き、妻のワタナベ・コウがイラストを描く、旅記事の連載が「しんぶん赤旗」でスタートしたのは２０１６年春でした。旅取材の楽しさはいろいろありますが、現地で出会った人との交流も、そのひとつです。

２０１７年４月、埼玉県秩父市の取材で秩父事件の史跡ガイドをお願いした、新井《あらい》健二《けんじ》郎《ろう》さん（秩父事件研究顕彰協議会・顧問）は、当時91歳。新井さんが在住する秩父市下吉田《しもよしだ》は、１８８４（明治17）年に起きた、日本近代史上、屈指の民衆蜂起といわれる秩父事件の蜂起の地で、新井さんの祖父も事件参加者でした。

事件は長い間「暴徒による暴動」視されてきました。その歴史的な評価が、日本国憲法に結実している、民主主義の源流に通じるものだという顕彰がなされるまでには、ほぼ１世紀の時間を要しました。その顕彰には多くの人たちの尽力がありましたが、旧吉田町の日本共産党町議として、顕彰運動を町ぐるみの事業にまで押し上げた、新井さんも功労者のひとりでした。

水曜エッセー

秩父事件を歩く ▶1

ツルシ　カズヒコ

「しんぶん赤旗」で旅記事の連載を始めて1年半になります。旅取材の楽しさはいろいろありますが、現地で出会った人との交流もそのひとつです。

蜂起の末裔と出会う

2017年10月4日付「しんぶん赤旗」

旅取材での新井さんとの出会いがきっかけで、秩父事件に興味を持った私は、関連書籍を読み始め、さらに新井さんの自宅を訪れてインタビューをさせていただき、篠田健一《しのだけんいち》さん（秩父事件研究顕彰協議会・会長）にもレクチャーをしていただきました。その取材をもとに2017年秋、「しんぶん赤旗」の「水曜エッセー」欄に、6回連載で寄稿したのが、新井さんが顕彰運動にどう関わったのかをメインテーマにした、「秩父事件を歩く」でした。

私が日本近現代史に興味を持ち始めたのは、数年前、社会運動家・伊藤野枝《のえ》（1895～1923年）の評伝をブログに連載し始めたころからでした。自由民権運動の「最高の形態」といわれる秩父事件には、植木枝盛《うえきえもり》らが唱道した天賦《てんぷ》人権論など、思想的基盤がありました。その思想的基盤が、幸徳秋水《こうとくしゅうすい》や堺利彦《さかいとしひこ》や大杉栄《おおすぎさかえ》を通じて、野枝にも受け継がれていたというのが、まず私にとっての大発見でした。

そして、秩父事件が提起した課題が、憲法改悪をもくろむ安倍政権下の現在の日本が直面している、民主主義の重大危機と直結していることを知ることになりました。

秩父困民党に結集した農民たちは、国権に対して民権をかかげ、命をかけてたたかいました。日本国憲法97条は「この憲法が日本国民に保障する基本的人権は、人類の多年にわたる自由獲得の努力の成果」と、うたっています。秩父困民党のたたかいは、日本における「人類の多年にわたる自由獲得の努力の成果」のひとつであり、その源流と見ることができます。

「アメリカ独立宣言」（1776年）の前文には、人民の基本的人権の主張と抵抗権・革命権がうたわれています。秩父困民党が蜂起にいたるまでに、役所に対して行った請願運動は、この抵抗権の行使であり、その請願が拒絶されたためのやむにやまれぬ蜂起は、革命権の行使でした。

自由民権運動の弾圧に威力を発揮した、新聞紙条例や集会条例は、保安条例や治安警察法や治安維持法に引き継がれました。この民主主義の徹底弾圧の歴史的流れが、現今の共謀罪に通じるものだと考えることもできるでしょう。

井上幸治『秩父事件』（中公新書）の末尾は、こう結ばれています。「秩父事件の記憶は、日本の歴史のなかで、民主主義の理想が生きているあいだは、ある積極的な発言をしつづけるだろう」。憲法改悪をもくろむ安倍政権下の今まさに、この言葉を重く受けとめたいと思います。

本書は、私のように秩父事件についてビギナーの方々にとっての「入門書」でありますが、事件にある程度通じている方々にとっての「再発見書」ともなれば幸いです。

2018年6月

ツルシカズヒコ

秩父事件再発見——民主主義の源流を歩く＊目次

3章 半世紀を経て初めて等身大の評価
――秩父事件研究・顕彰／戦前 61

表紙カバー写真　秩父市街＝秩父観光協会・吉田支部
椋神社＝品川栄嗣

1章　私と秩父事件

――秩父困民党の末裔・新井健二郎さんとの出会い

（1）秩父事件の史跡を訪ねる

■秩父事件の舞台へ

　ワタナベ・コウとともに、埼玉県秩父市に取材に訪れたのは２０１７年4月初旬でした。埼玉県最西部、秩父盆地の中核をなす秩父市は、自由民権運動高揚期の１８８４（明治17）年晩秋に起きた、秩父事件の舞台となりました。

　東京・池袋から乗った西武池袋線・特急レッドアロー号は、飯能《はんのう》駅（埼玉県）を過ぎたあたりから山裾を縫うように走り、全長４・８キロの正丸《しょうまる》トンネルを抜け、池袋から77キロ、１時間20分で終点の西武秩父駅に到着。

　秩父事件の史跡ガイドをお願いしたのが、秩父事件研究顕彰協議会顧問の新井健二郎さんでした。91歳の新井さんは杖を携行しているけれど、歩調もしっかりとしていて、シャンと伸びた背筋、ダンディーな中折れ帽がよく似合っていました。新井さんが在住する秩父市下吉田《しもよしだ》は、事件を主導した自由党・秩父困民党が決起した地であり、当時18歳だった

秩父困民党が集結した札所二十三番・音楽寺付近から望む秩父市街（秩父観光協会・吉田支部提供）＝2017年5月

新井さんの祖父・新井寅五郎《とらごろう》もその一員として事件に参加しました。

新井さんは2001年3月まで、8期連続32年間、旧吉田町（現・秩父市）の日本共産党町議を務めていました。長男・康一さんも元・同党秩父市議でした。

この日の取材の前に、新井さんから資料を郵送していただきましたが、封書に同封されていた便箋にはこう書いてありました。

「前略　資料と言っても、私が一日行程で団体等を案内した時、だいたいこんな事を喋ったかなというものを文章にしたものです。当日は取材に応じてご案内します。楽しみにお待ちしております。上田耕一郎さん（故人・当時、日本共産党副委員長）を、一日ご案内したことがあります。五時ピッタリに終わったら、新井さんは正確だねと褒められました。町長、教育長、助役等、椋《むく》神社でお迎えしたら、恐縮されておりました」

新井さんが上田耕一郎さんに、秩父事件の史跡を案内したのは2000年4月でした。

■「革命本部」跡に

康一さんが運転する車でまず向かったのは、秩父地方庁舎。1884年11月2日、1万人の民衆を巻き込み、大宮郷《おおみやごう》（現・秩父市街）を占拠した秩父困民党軍は、郡役所に「革命本部」を据えました。郡役所は現在、秩父地方庁舎の立つ場所にありましたが、西武秩父駅にもほど近い繁華街になった今は、その面影はありません。

「当時の秩父郡全体の人口は約6万6000人でした。半分は女性ですから、男性は3万3000人。そこから男性の子どもと老人を差し引くと、事件参加者1万人という人数は、大半の成人男子が蜂起に参加したことになります」と新井さん。

1884年10月31日に発生し、信州・東馬流《ひがしまながし》（長野県南佐久郡小海町）にまで拡大した

東京鎮台高崎分営兵と困民党軍の戦闘があった東馬流

秩父事件は、同年11月9日に軍隊の出動により鎮圧され、死刑12人を含む3800人余に有罪判決が下りました。未成年だった新井寅五郎の処罰は科料1円25銭でした。秩父困民党総理・田代栄助《たしろえいすけ》が熊谷監獄で死刑執行されたのは、事件の翌年5月。市内下影森《しもかげもり》、金仙《こんせん》寺《じ》墓地にある田代の墓に向かいました。

総理として困民党軍の指揮を執った田代は最年長、51歳でした。墓地からは、11月4日に皆野村《みなのむら》で困民党軍の「本陣」解体後、田代が一時身を隠していた標高1300メートルの武甲山《ぶこうさん》が、くっきりと見えました。山頂にはうっすらと冠雪があります。自然石の墓碑の裏面に辞世が刻まれています。

「振り返り見れば昨日の影もなし　行く先暗し死出の山道」

■荒川を渡るシーンが

新井さん案内の史跡めぐりはさらに、小鹿坂峠《おがさか》の中腹（現・秩父市寺尾）にある札所二十三番・音楽寺《おんがくじ》へ移動。荒川が西から東に流れ、武甲山を背景にした秩父市街が見渡せます。ここに集結した困民党軍が、境内の梵鐘《ぼんしょう》を乱打し、鬨《とき》の声を上げ、荒川を渡り怒濤《どとう》のごとく大宮郷に突入したのは11月2日、昼の12時ごろでした。

荒川に架かる橋長530メートルの秩父公園橋を指差しながら、新井さんが解説してくれました。

「当時は橋が架かっていなかったので、困民党軍はあの橋の下あたりを渡河《とか》して、一気になだれ込みました」

私は秩父事件120周年記念映画「草の乱」（神山征二郎《こうやませいじろう》監督、2004年9月公開）のクライマックス・シーンのひとつを思い浮かべました。杉本哲太演じる副総理・加藤織平《おりへい》の指揮で、白鉢巻きに白襷《しろだすき》、刀や竹槍で武装した困民党軍が荒川を渡る迫力あるモブシーンです。

■井上伝蔵をかくまった家に

康一さん運転の車は、困民党軍が音楽寺に集結する前夜、野営した小鹿《おしか》神社（当時は諏訪神社）のある小鹿野《おがの》町を通り、秩父市下吉田の斎藤家に到着。

映画『草の乱』の主人公として描かれているのが、自由党・困民党の中心人物で、困民党軍の会計長を務めた井上伝蔵《でんぞう》です。困民党軍の「本陣」解体後、田代栄助らとともに秩父の山中に数日間潜伏した伝蔵は、2年もの間、斎藤新左衛門（新七）の家の土蔵の中にかくまわれました。

斎藤家と井上家には、下吉田村の有力者同士の信頼関係がありましたが、蜂起のあともその関係を維持できたのは、村民が蜂起を支持していたからだといわれています。その後、北海道に渡り、新たに家庭を持ち数奇な生涯を送った伝蔵は、秩父事件の中心人物としてクローズアップされていますが、新井さんはこういいます。

「火つけ、強盗などの刑事犯として死刑判決が下った伝蔵をかくまった、新左衛門には信念と勇気がありました。その功績を見逃してはならないと思います。新左衛門が土蔵を

蜂起の地・椋神社（撮影　品川栄嗣）

手放さざるをえなくなり、『もう貴殿をかくまうことができない』と伝蔵に告げたとき、伝蔵は泣いて礼をいい感謝して立ち去ったとのことです。感銘深いものがあります」

■蜂起の場所・椋神社に立つ碑

下吉田の椋神社へ移動。明治政府が進めるデフレ政策と重税下、生糸価格の大暴落により困窮を極めた農民３０００人が椋神社に集結し、自由党員を中心に困民党軍を結成、蜂起したのは11月1日でした。

境内に立つ「秩父事件百年の碑」には、困民党が掲げた要求「負債据置年賦償還、村費軽減、小学校休校、雑収税減免の他、徴兵令改正等」が刻まれています。その再三の請願も却下され、憲法もなく世の中を変革する手段としての選挙もない、当時の民衆の生きるための止むに止まれぬ蜂起でしたが、軍律で私怨《しえん》による略奪や放火、女性への乱暴などを厳しく禁じていました。

椋神社境内にあった小学校・椋宮学校講堂で、下吉田・久長《ひさなが》・阿熊《あぐま》・上《かみ》日《ひ》野《の》沢《ざわ》、４村の連合会議が開かれたのは１８７９年。秩父事件の5年前でした。その議事録には「人民天賦の権利」などの発言が記録され、当時のこの地域が植木枝盛などが唱道した、自由民権

秩父市下吉田の椋神社境内に立つ「秩父事件百年の碑」と新井さん＝2017年4月

の思想を新時代の息吹として、積極的に受容していたことが立証されています。新井さんは蜂起にいたった農民たちの心情を、こう語りました。

「それから5年の歳月の中で、明治政府の政策はまったく逆の反人民的方向に進行し、庶民の生活は貧困と抑圧に陥りました。『人民天賦の権利』は遠くにかすみ、手の届かないものになりました。しかし、秩父の農民の脳裏には、圧制を変じて良政に変え、自由の世界にしなければならないという、明確な大義と確固たる思想的な背景がありました。強大な天皇制専制政府に対して、武器をとって闘う勇気は、困窮と飢餓にあえぎ、極限にいたったときに湧き上がったものです」

道の駅「龍勢会館」で昼食をとりながら聞く、新井さんの90年余の人生は、とても興味深いものでした。中国東北部への出征やシベリア抑留などの戦争体験、復員帰国後の酪農への挑戦、日本共産党への入党と吉田町議選への出馬、秩父事件の顕彰運動での「暴動史観」とのたたかいなどなど。

半世紀以上も日本共産党員として活動してきたことへの揺るぎない誇り、秩父事件の顕彰運動への強い使命感。その強靭《きょうじん》さはちょっと驚きでした。なんとも、いい年のとり方をしているなとも思いました。

■井上伝蔵邸へ

「龍勢会館」の隣りにある秩父事件資料館・井上伝蔵邸は、映画「草の乱」撮影時にセットとして復元された、下吉田村の豪商・丸井商店です。伝蔵は江戸城御用達《ごようたし》の歴史を持つ丸井商店の6代目当主で、連合村議会の副議長や戸長役場筆生《ひっせい》（文字を書き写す仕事）の経歴を持ち、地域の人々から「丸井の旦那」と呼ばれていました。伝蔵関係資料や映画撮影時の衣装・小道具などが展示公開されています。

映画『草の乱』撮影時にセットとして復元された、秩父事件資料館・井上伝蔵邸

2年もの間、斎藤家の土蔵に隠れ住んだ伝蔵は、北海道に渡りました。伊藤房次郎の変名を使い代書業や文房具商などで生計を立て、高浜ミキと再婚をし家庭を持ちました。妻子に秩父事件の首謀者・井上伝蔵であることを明かしたのは、死を前にした1918（大正7）年6月でした。

吉田総合支所の近くに井上伝蔵邸（丸井商店）跡があり、沢をへだてた畑の一角には伝蔵の墓があります。蜂起当時、伝蔵は30歳の若さでしたが、知性・経済力・家柄など、地域の有力者でした。農民団結の要になったのも伝蔵だったと新井さん。

「伝蔵は最愛の妻子や家族、地位財産、名誉もすべて犠牲にして、一身をなげうって農民のためにつくしました。困民党が会計長という要職を任せたことも理解できます。短期間に大きな組織をつくり、壮挙をなして天下を震撼させたのも、まさに伝蔵を中心に結集された農民の力であったと思います」

伝蔵邸跡から、徒歩で5分ほどのところにある貴布祢《きふね》神社。その境内に隣接する場所には、困民党軍乙大隊長・飯塚森蔵《いいづかもりぞう》の墓があります。森蔵も死刑宣告をされましたが、逃亡し、愛媛県八幡浜《やわたはま》で死亡したことが判明しています。「教師をしていた森蔵と伝蔵は生家が近く、同年齢でした。ふたりは竹馬の友だったようです」と新井さん。

椋神社の近く、阿熊街道の脇には「窪田鷹男《くぼたたかお》殉職碑」があります。アジア太平洋戦争のさなかの1943年、秩父事件で殉職した松山署・窪田巡査の60回忌に建てられた顕彰記念碑です。新井さんは、こういいます。

「当時の吉田町の町長や有志が建てました。以後、吉田小学校の児童はこの碑にお参りをさせられました。巡査を顕彰する一方で、事件の暴動史観を町民に浸透させていったのです」

■生々しい斧の刃跡

車は秩父盆地の北端にある下吉田から、標高８００ｍの半納《はんのう》に通じる急な山道を上り、秩父市吉田石間《いさま》の石間交流学習館に向かいました。山の南東斜面に立つ家の多くは２階建てで、それはかつてこの地域が養蚕が盛んだったことの証《あかし》です。１階と同じ広さの２階が蚕室として使用されていたのです。

石間交流学習館・秩父事件資料館に展示されている、打ちこわしにあった高利貸の家の大黒柱

石間には副総理・加藤織平の生家と墓があります。織平も田代栄助らとともに、事件の翌年、死刑執行されました。秩父事件当時の旧石間村の戸数は１５０戸余、事件参加者も約１５０人。他村と比較して、参加率の高さと死刑３人など、重い

刑罰を科せられたことが特徴的でした。

旧石間小学校を改修した、石間交流学習館の2階が秩父事件資料館です。新井さんの説明を聞きながら、展示物を見てまわりました。旧下吉田村の貴布祢神社の神官だった、田中千弥《せんや》が残した『田中千弥日記』（レプリカ）には、秩父事件の顚末《てんまつ》が記録されています。自由党員名簿には、下吉田村の3人の自由党員名が記載され、井上伝蔵と落合寅市《とらいち》と並び、新井寅五郎の名前もあります。

展示物の中でもっとも目をひいたのは、打ちこわされた大宮郷の高利貸の家の大黒柱です。憤怒の困民党農民たちが打ち下ろした斧《おの》、その生々しい刃跡《はあと》が残っています。新井さんがポツリといいました。

「高利に苦しんだ、農民たちの心情がくみとれます」

（2）新井健二郎さんと日本共産党

■旅の記事がきっかけ

この日の取材をもとに執筆した記事が、「埼玉　秩父市　秩父事件の足跡をたどる」という見出しで、ワタナベ・コウのカラーイラストとともに、2017年6月11日付「しんぶん赤旗」日曜版の「たび」欄に掲載されました。

この記事に対して、読者から編集部への反応がありました。

「いかにも『赤旗』らしい旅案内で大変感動しました。秩父事件の碑の建立に奮闘されたのが、日本共産党町議だった新井健二郎氏なのがすばらしい」

「懐かしく読みました。10年程前、秩父事件を学ぶ旅を企画実行したからです。説明で心に残ったのは、蜂起に加わった人々の再評価まで、その子孫は肩身を狭くしてきたということでした。再評価に取り組んだのが共産党町議であることも、そうだろうと納得しました」

日本共産党にとって、秩父事件の顕彰はすごく重要なことらしいという認識を、私が持つようになったのは、このころからでした。そして、秩父事件の顕彰について詳しく知りたいと思った私は、夏から秋にかけて、秩父市下吉田の新井さんの自宅を4度訪問しました。

西武池袋駅から特急で西武秩父駅まで1時間20分。西武秩父駅から小一時間ほどバスに乗り、田中橋というバス停で下車。そこから、荒川の支流・吉田川に沿って10分ほど歩くと、新井さん宅に到着します。

西武秩父駅と田中橋方面間のバスは1日8本（上り8本・下り8本）。東京都世田谷区のわが家からは、ゆうに片道3時間はかかります。新井さん宅を訪れるたびに、下吉田地区の秩父中・古生層からなる切り立った山々と深い渓谷を眺めつつ、この地域の地勢と秩父事件との関係などにも考えがおよびました。

新井さんからハガキが届いたのは8月でした。秩父事件を卒論のテーマに選んだ中京大学の学生さんが訪ねて来て、新井さんから聞き取りをしていったとのこと。学生さんが教授に相談したところ、「しんぶん赤旗」日曜版に掲載された、私が書いた記事を見せ、現地で実際に活動している新井さんに話を聞けば、「本から得られるものとは違う構想が生まれるのではないか」というアドバイスをしてくれたのだそうです。新井さんからのハガキの末尾にはこうありました。

「若い人は羨《うらや》ましいと思います。私達のその年齢は戦争で中国へ連れて行かれました。勉強したかったと思います」

■人生を変えたシベリア抑留

新井健二郎さんは1925（大正14）年、小学校教員の両親の次男として、現在の秩父市荒川で生まれました。新井さんが5歳のとき、一家が父の実家、秩父郡吉田町下吉田（現・秩父市下吉田）に移住。

前年、精農家だった祖父・新井寅五郎が64歳で死去。寅五郎は孫兄弟をかわいがり、竹を1メートルくらいに切り、枝を4本残し足にして縄をつけて引っ張る、竹の馬を作ってくれたそうです。

秩父事件〝困民党トリオ〟のひとり落合寅市は、大阪事件（1885年）にも関与して、

新井さん19歳、出征当日の朝＝1944年12月

重懲役10年の刑を受けて、堀川監獄（大阪刑務所の前身）に入獄。大日本帝国憲法発布（１８８９年）の恩赦で出獄した寅市は、１９９１年、小作料延滞のため裁判を起こされ、半年の刑を受けました。熊谷監獄出獄時に、身柄を引き取りに行ったのは寅五郎でした。熊谷監獄出獄後、救世軍（キリスト教プロテスタント派の伝道・慈善団体）に加わり事件関係者の名誉回復に尽力した寅市。新井さんは救世軍の赤い帽子をかぶった、晩年の寅市の姿も記憶しています。

吉田小学校高等科を卒業後、新井さんは師範学校進学を勧めた父の意に反して、秩父農林学校に進学。姉兄も教職に就いた新井一家の異端児でした。時勢は熾烈なアジア太平洋戦争の真っ只中。秩父農林学校を卒業後、19歳で軍隊に繰り上げ召集され、北支（中国北部）に派遣されたのは１９４４年12月でした。

１９４５年８月、関東軍士官学校在学中に対ソ戦に参戦。敗戦後はシベリアに抑留され、4年間の強制労働に従事。高熱やケガ、飢えと寒さ、何度も襲う死地を奇跡的に生き抜いた新井さんが、舞鶴港に帰還復員したのは1949年12月でした。ウラジオストクからは北へ200キロ、スパッスク＝ダリニーの捕虜収容所にいたころ。新井さんはその後の人生を決定づける井出顕《いであきら》さんと出会いました。新井さんより年長で慶応大学で経済を学び、大学教授ふうでもあった井出さんは、毎日の作業現場への行き帰り、軍国少年のまま青年になった新井さんに、世の中の仕組みについて話してくれたのでした。新井さんは人生の大きな転機を、こう語っています。

「経済学にはマルクスとアダム・スミスの経済論があって、という。それから徐々に信念というか、思想のようなものが芽生えました。観念論ではなく、唯物史観に基づいた生き方をしよう、未来はその方向にしかないなと」

作業現場が変わり、井出さんとは生涯二度と会うことはありませんでした。社会は不動の仕組みではなく、人間の働きかけによって変えられる――そういう生き方をしようと腹を決めた新井さんは、帰国後、戦前から苛烈な弾圧にも抗して一貫して反戦平和の主張をしてきた、日本共産党の存在を知り、生きる気概や勇気が湧いてきたといいます。

支援者とともに吉田町議選初当選を祝福する新井さん（前列左）と安喜子夫人（前列右）＝1969年4月

■秩父に戻り日本共産党へ

シベリアから帰国した新井さんは、祖父・寅五郎が養蚕を営んでいた、秩父郡吉田町下吉田の狭隘《きょうあい》な山地で酪農に挑みました。27歳で結婚し、2男1女が誕生。２０１７年の衆議院選・東京17区、日本共産党候補の新井杉生《すぎお》さん（東京都葛飾地区委員長）は次男です。乳牛の飼料自給のために、山地を開墾し牧草地にするなど、妻・安喜子さんと二人三脚で酪農に精励しました。

全秩酪農組合・吉田支部長として、生産費に見合う乳価要求をする、乳価闘争の先頭にも立ちました。日比谷野外音楽堂で開催された、全国酪農民決起大会で

吉田町議会の一般質問に立つ新井さん＝ 1983 年 9 月

は、6500人の酪農民の前で、団結を呼びかける演説をしました。激励に来ていた林《はやし》百郎《ひやくろう》さん（長野県選出の日本共産党・衆議院議員）から、「演説よかったですよ」と握手されて感激。

日本共産党に入党したのは1961年9月。翌年には新井さんを支部長とする同党吉田支部が誕生しました。新井さんが吉田町議選で初当選したのは1969年4月。

■顕彰を町ぐるみの事業へ

町議選に初出馬し落選した前回選挙では「アカを出しては吉田町の恥」「アカは民主主義をぶちこわす」と反共勢力から誹謗《ひぼう》中傷攻撃をされましたが、新井さんはひるむどころか「俺は一歩も引かねーぞ」と勇気りんりん、反撃の闘志を燃やしました。その再挑戦がなり、同町初の日本共産党町議の誕生でした。以後、8期連続32年間、新井さんは町議として活動します。

新井さんは、長い間「暴徒による暴動」と扱われてきた秩父事件を、正しい評価に改めさせたいと思っていました。そのために志を同じくする多くの人たちと協力して、秩父事件の顕彰を町ぐるみの事業にしようとしました。

新井さんと秩父事件顕彰運動については、4章で言及します。

2章　秩父事件とは

――『秩父事件　圧制ヲ変ジテ自由ノ世界ヲ』から読み解く

秩父事件とはどんな事件だったのか。その全体像を知るうえでもっともお薦めしたいのが、秩父事件研究顕彰協議会編『秩父事件　圧制ヲ変ジテ自由ノ世界ヲ』（新日本出版社、以下、協議会編『秩父事件』）です。

秩父事件120周年に刊行された同書は、事件後までを含めた初の秩父事件通史です。秩父事件の研究顕彰の集大成ともいわれており、事件に興味を持った高校生から研究者レベルまで、幅広い層に受け入れられています。

同書を読んだツルシカズヒコとワタナベ・コウが、なぜ、民衆は蜂起したのか――など、秩父事件の「重要ポイント」を語り合いました。ワタナベ・コウは『ワタナベ・コウの日本共産党発見!!』（新日本出版社・2017年）の著者でもあります。

■人権・民権の思想基盤があった

ツルシ　読んでみてどうだった？

コウ　秩父事件に関する知識はほとんどなかったけれど、歴史学の専門用語などを極力使わず、簡潔で平易な書き方がされていて、読みやすく理解しやすかった。

ツルシ　しかも、立証されている詳細な事実が、網羅されている。

コウ　そうそう、だから事件の全体像がよくわかったよ。秩父事件はひとことでいえば、「アメリカ独立宣言」（１７７６年）の前文にうたわれた、基本的人権の主張と抵抗権・革命権の行使なんだと思った。

ツルシ　「すべての人間は生まれながらにして平等であり、生命・自由・幸福を追求する不可侵の権利を有する」という基本的人権。「人民の合意に基づいて樹立された政府が、人民の権利に反したときには、人民にはその政府を改造または廃止し、人民の安全と幸福をもたらす、新たな権力を組織する権利と義務がある」という抵抗権・革命権だね。

コウ　これはアメリカ独立革命の理論的根拠となり、後の世界の人権思想や社会変革に多大な影響を与えた。秩父事件の思想的な背景については、協議会編『秩父事件』では、たとえば『下吉田・久長・阿熊・上日野沢連村町村会議日誌』に言及している。新井健二郎さんの説明にもあったけど、下吉田村の椋神社境内にあった椋宮学校の講堂に、公選された議員35人が集まり連村議会が開かれたのは、1879年。この会議は秩父事件の5年前に開かれている。

ツルシ　「参政自治の権利」や「人民天賦の権利」や連内の「福祉安全」などの発言があったことが、この日誌に記録されている。井上伝蔵も列席して副議長に選出された。秩父事件資料館・井上伝蔵邸に、伝蔵の蔵書が展示されていたけれど、植木枝盛『民権自由論』もあったね。植木枝盛が唱道した天賦人権論は、自由民権運動や秩父困民党蜂起の思想的な基盤だった。この連村会議に列席した35人中、18人が5年後の秩父事件に参加している。

コウ　この地域が明治初期にすでに、啓蒙思想を受容していたことを実証する記録だね。人権や民権の思想基盤があったというのは、秩父事件の重要ポイント〈1〉だね。長野県南佐久郡から秩父事件に参加した井出《いで》為吉《ためきち》は、10代後半に東京の私塾に学び、『仏蘭西法律書』『仏国民法契約編』『仏国革命史』などを読みこんでいる。為吉は1

883年に24歳の若さで、北《きた》相木《あいき》村の戸長に就任し、翌年4月まで務めている。

ツルシ　この機会に中学の社会科と高校の日本史の教科書に目を通してみたんだ。自由民権運動や秩父事件に関して、どんな記述をしているかを知りたいと思って。『ともに学ぶ人間の歴史　中学社会　歴史的分野』（学び舎）は、中学歴史教科書で唯一、従軍慰安婦についての記述のある教科書だ。

コウ　私立・灘中学（神戸市）などが、採用していることで知られているね。

井出為吉

ツルシ　そう。自由民権運動の高揚により、1881年、明治政府が「国会開設の勅諭」を出し、1890年に国会を開設すると公約、欽定憲法制定の基本方針も決定した。それに対して、民権派も「私擬憲法草案」を提出した。

コウ　東京近郊の農山村青年の学習結社「五日市学芸講談会」が草案した、「五日市憲法草案」もそのひとつだね。草案の中心を担ったのは宮城県出身で、五日市の小学校の教師をしていた千葉卓三郎《ちばたくさぶろう》（1852〜83年）。

ツルシ　そう。『ともに学ぶ』では「五日市憲法」とならんで、自由民権運動家・植木枝盛の草案した「東洋大日本国国憲按《こつけんあん》」も紹介している。その第71条に「政府が圧政を行うときは、日本人民はそれを排除することができる」とある。これは革命権のことだね。ちなみに、この教科書では秩父事件を田代栄助（秩父困民党総理）の名前を出してコラムにしている。高校の日本史教科書『詳説日本史B　改訂版』（山川出版社）は、植木枝盛「東洋大日本国国憲按」を「広範な人権保障」や「抵抗権・革命権」をもった急進的なものと記述している。

コウ　ジョン・ロック（1632〜1704年）やジャン＝ジャック・ルソー（1712〜78年）などの人権思想が、イギリス革命、アメリカ独立戦争、フランス革命に多大な影響を与えた。市民革命だね。ロックやルソーの人権思想が、中江兆民《なかえちょうみん》や植木枝盛などを通じて、自由民権運動を牽引していた。

ツルシ　〃秩父事件のバイブル〃ともいわれた、井上幸治『秩父事件――自由民権期の農民蜂起』（中公新書）は、「秩父事件が自由民権運動の最後にして最高の形態」としている。とすれば、秩父事件は人権思想を基盤とした、市民革命の視点でとらえることができるってことになるんだね。

■農民一揆や打ちこわしとの違いは請願運動

コウ　秩父事件以前にも、農民一揆や打ちこわしなど、民衆の蜂起はあったけれど、それらと秩父事件はどう違うのか。あるいは、他の自由民権運動関連の事件と秩父事件はどう違うのか。このあたりをちゃんと説明しているところが、協議会編『秩父事件』の読み応えのひとつだね。

落合寅市

ツルシ　つまり、それが「暴動史観」への反証になっている。秩父事件の重要ポイント〈2〉は、請願運動だと思う。蜂起するま

でに、農民たちは再三にわたって、借金の据え置きと年賦返済を高利貸に認めさせるようにと、郡役所に訴えた。

秩父郡役所。跡地には現在、秩父地方合同庁舎が立つ

コウ　高岸善吉《たかぎしぜんきち》と坂本宗作《さかもとそうさく》と落合寅市の3人が、秩父郡役所に最初に請願に行ったのは事件が起きる1年くらい前、1883年末。郡役所は、金の貸し借りは個人の問題だから、と受けつけなかった。

ツルシ　3人は翌年にも再三にわたり請願をした。落合寅市によれば、郡役所の郡長は「高利借りるも愚《おろ》か、また他人のことを願う貴公等は愚かなり」と却下した。蜂起が人民による革命権の行使なら、請願運動は革命権行使にいたる前段階、人民による抵抗権の行使だよね。

コウ　郡役所は「高利」の実態を把握するのが職務だけれど、農民の深刻な事態を「愚か」と切り捨てた。郡長の発言は、明らかに高利貸の立場に立っていた。

ツルシ　高利貸に直談判《じかだんぱん》すると、ある高利貸は「我々は裁判所の判事服部殿に月々拾五円宛納付している。高利だとか、何だとか、面倒なことを聞く耳なし」といわれたという。裁判所を訪れて問いただすと、警官が大勢やってきて裁判所から押し出された。

コウ　こうした活動を通じて、農民たちは、高利貸・郡役所・裁判所・警察署がグルであり、農民たちの要求を聞こうという考えが、まったくないことを認識していった。

ツルシ　蜂起の１カ月前、負債農民の書き付けが各地から集められ、高岸善吉らが28村の惣代《そうだい》となり、大宮郷警察署へ「高利貸説諭方請願」を行った。しかし、これが却下。困民党は、高利貸との個別集団交渉に方針を変えた。ところが、これも拒絶された。

コウ　負債農民たちが高岸善吉ら活動家に率いられて、高利貸との直接交渉に臨んだことにより、彼らは、高利貸の請願に対する断固拒否の姿勢を肌で感じた。その怒りが３

000人もの農民を結集させ、武装蜂起のモチベーションになったといわれている。

■急激に資本主義経済に組みこまれて

ツルシ　秩父の養蚕農民が、なぜ高利貸に多額の負債を抱えるようになったのか。これも重要なポイントになる。

コウ　江戸期から秩父地方では養蚕・製糸が盛んで、蚕《かいこ》を飼い、繭《まゆ》から生糸をとり、女たちが機《はた》を織って絹織物にしていた。江戸の商人たちが、この絹織物を買いにやって来るほど、絹は秩父地方の多額の現金収入源だった。

蚕は格子で仕切られた「まぶし」で繭を作る

ツルシ　蚕の餌《えさ》は桑《くわ》の葉。秩父地方の山村農民は、穀類畑や野菜畑にならない、石混じりの傾斜地を利用して桑を育て、養蚕・製糸・機織《はたお》りをしていた。

コウ　しかし、安政の開港（1859年）により、日本と欧米との貿易が始まった。当時の日本最大の輸出品が生糸。秩父農民が作った生糸は、仲買商に買い取られて横浜に運ばれ、売込商を経て、欧米諸国の商館に売り込まれ、輸出されていた。

ツルシ　協議会編『秩父事件』によれば、秩父郡下吉田村の富農・青葉家の1882年の収入は約200円で、その約7割が生糸と繭の収入。安政の開港以来、生糸生産が秩父地方の基幹産業になったんだ。鎖国をしていた幕藩制支配機構の経済から、今でいうグローバル経済にいきなり組みこまれたことになるね。

コウ　そうそう。江戸を中心とした地域経済から、世界市場へ投げ出され、世界的な規模でコストや品質の競争を、強いられるようになったわけね。

ツルシ　開港以前は、養蚕・製糸を経て絹織物になるまでの一連の工程を、農家の家内労働が担っていた。しかし、グローバル経済に組みこまれたことにより、養蚕農家が担うのは養蚕・製糸の工程まで。つまり、生糸段階までの生産者に転じてしまった。明治政府が掲げた殖産興業政策に乗って、秩父の養蚕農民も好景気を味わったこともあったが、長くは続かなかった。

コウ　インドの農民は本来、綿花を育て、綿糸を撚《よ》り、家内工業で綿布を生産していた。それが18世紀の終わりごろから、イギリス資本主義の綿織物市場に組みこまれ、原料の綿花生産地に転じてしまったのと酷似しているね。

ツルシ　生糸価格は1878年から上昇を続け、81年には1斤《きん》（600グラム）約8円だったが、83年には約4円に暴落。青葉家の84年の収入は、2年前の200円から、128円に激減した。秩父事件の重要ポイント〈3〉は、秩父の養蚕農家が、急激に世界規模の資本主義経済に組みこまれたことだよ。

■松方デフレ政策で大打撃

コウ　それと関連するのが、1881年に大蔵卿となった松方正義《まつかたまさよし》のデフレ政策。秩父事件の重要ポイント〈4〉は、デフレ政策を強化した松方財政だね。歳出削減、不換紙幣の償却、兌換制に必要な正貨の蓄積、中央銀行設立のために、通貨量を減少させた。通貨量減少により物価は下落し、生産者である全国の農民に大きな打撃を与えた。

ツルシ　協議会編『秩父事件』によれば、松方は人民の生活苦は国家財政政策（デフレ政策）の影響であり、個人的にはまことに哀れだと思うけれども、財政の大局を考えれば憂えることではないといったという。人民の生活を犠牲にして、国家財政確立を最優先するのは、当然だというわけだ。

コウ　内務卿・山県有朋《やまがたありとも》は、朝鮮半島への勢力拡大を意図し、大蔵卿の松方とはかって、軍備拡張の増税策をとっていた。たばこ税・酒税・各種印紙税・車税（当時は馬車や荷車にかけられた）などの「雑税」が増額され、地方税も年々増加。「雑税」や地方税を「雑収税」とよんでいた。

ツルシ　さらに世界的な不況により生糸輸出が激減し、84年の生糸輸出量と輸出金額は、前年比で約3割減となった。生糸価格の上昇期、秩父の農民たちはより高品質の繭をつくるために蚕室を改良したり、新しい道具を買い入れるための資金が不足すれば、借金もしていた。養蚕に力を入れることで、生活が向上すると判断したからだね。

コウ　上吉田村の坂本宗作は、蚕の温暖育を実践し、品評会で優秀賞を受賞している。温暖育は屋根の上に高窓を設置して、住居の2階の蚕室の保温と換気を人為的にコントロールする、新しい養蚕法だった。

ツルシ　「ヤママユ」とも呼ばれる天蚕《てんさん》は、クヌギなどブナ科の樹木の葉を食べる蛾《が》で、その繭からは最高級の絹がとれる。通常の家蚕《かさん》のように家畜化されていないので、飼育が難しいけれど、成功すれば大きな利益が上がる。上吉田村の高岸善吉や大宮郷の田代栄助も、この天蚕に挑戦している。彼らのように開拓精神に富んだ農民は、養蚕技術改良などのための運転資金調達のために、高利貸から借金をした。

■農民の明確な要求項目

コウ　しかし、収入が激減したうえに増税だから、借金が返せなくなった。協議会編『秩父事件』は、このあたりの具体的な数字を挙げている。秩父郡薄《すすき》村の池原耕地では、19軒のうち15軒が身代限《しんだいかぎり》、つまり破産した。秩父市の矢尾百貨店に残されている

『秩父暴動事件概略』によると、高利貸は100円の借金証書を書かせて、負債主には80円を渡す。これを「二分切り」という。1年間そのままにしておくと、利子が120円になり、元金と利子で220円になる。

ツルシ　『田中千弥日記』から秩父事件関係の記述を抜き出し、それに田中千弥が集めた資料や裁判の記録などを加筆したのが『秩父暴動雑録』。第一級の民衆史料といわれている。それによると、利子を最大年2割と規定していた当時の利息制限法に、この高利は違反している。

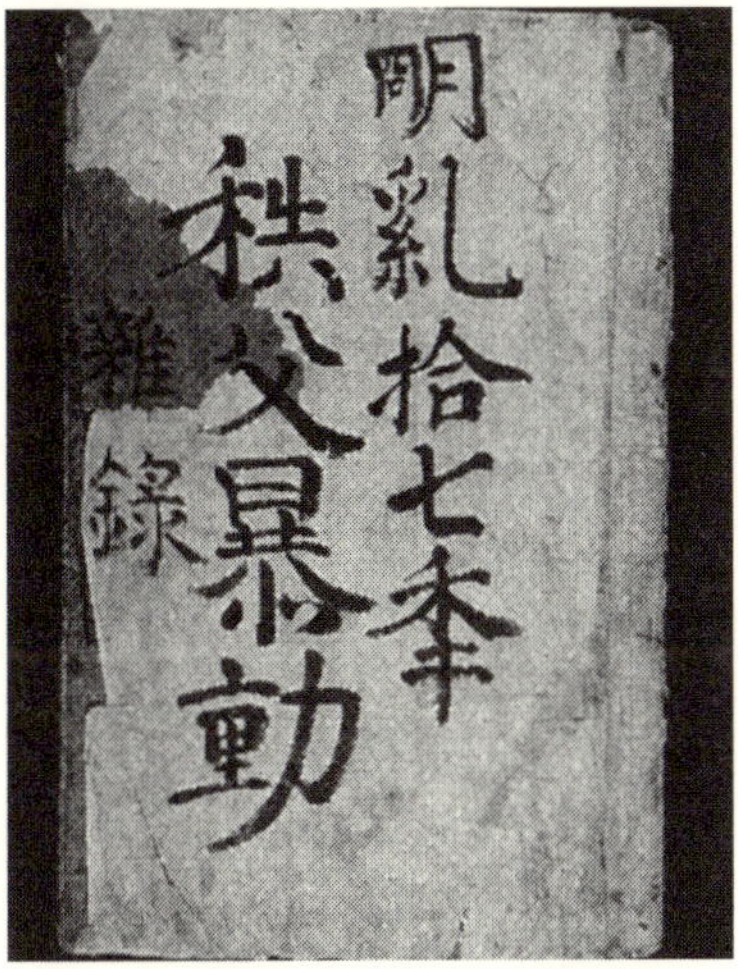

田中千弥が記録した『秩父暴動雑録』

コウ　秩父事件の重要ポイント〈5〉は、要求項目が明確だったこと。要求項目は4つあった。（1）高利貸のため身代を傾け生計に苦しむ者多し、よって債主に迫り、10年据置40年賦に延期を乞うこと。（2）学校費を省くため、3ヵ年休校を県庁に迫ること。（3）雑収税の減少を内務省に迫ること。（4）村費の減少を村吏に迫ること。

■言論・結社への弾圧に抗して

ツルシ　「迫る」とは最終的に武力をもってでも、要求相手から回答を引き出すこと。ここまで農民が追いつめられたのは、生活の困窮とともに明治政府が法令によって自由民権運動を大弾圧したことが背景にある。言論の自由を規制したのが新聞紙条例（1875年）、集会・結社の自由を規制したのが集会条例（1880年）。言論や抗議行動による抵抗権の行使を阻まれたから、武装蜂起して革命権の行使をせざるを得なくなった。

コウ　集会条例は政治結社や集会を届出制とし、集会場に制服警察官が臨席。軍人・警官・教員・学生らの政治結社や集会への参加禁止などが定められた。改正集会条例（1882年）は、自由党の地方支社設置を禁止した。

ツルシ　この弾圧法の流れが、のちに保安条例（1887年）や治安警察法（1900年）や治安維持法（1925年）に引き継がれていく。

コウ　政治改革の方途を閉ざされた自由民権運動は、実力行使に出ざるを得なくなった。デフレ不況による農民の窮乏化が進み、自由民権運動の急進派が掲げる「政府転覆」は、困窮農民との連携を通じて現実味をおびてくる。

ツルシ　1884年8月から9月にかけて、秩父自由党員は山林集会を開いた。改正集会条例は野外集会を禁止しているから、警官に見つかると解散を命じられた。しかし、頻繁に行われ、山林集会において「困民党」という呼び名が生まれた。秩父事件の重要ポイント〈6〉は、明治政府の言論・集会・結社への弾圧だね。

■困民党軍の近代的な組織編成と軍律

コウ　従来の農民一揆は名主と農民というかたちだったけれど、困民党軍は近代的な軍隊組織を編成した。椋神社に集結した農民3000人を出身村ごとに小隊とし、小隊長を任命。全体を甲乙2大隊とした。

ツルシ　甲大隊長・新井周三郎《しゅうざぶろう》、甲副隊長・大野苗吉《おおのなえきち》、乙大隊長・飯塚森蔵、乙副隊

飯塚森蔵

田代栄助

長・落合寅市を配し、全体の統帥として総理・田代栄助、副総理・加藤織平、会計長・井上伝蔵、参謀長・菊池貫平《きくちかんぺい》とした。

コウ　参謀長の菊池貫平が起草した「軍律五ケ条」は、簡潔明瞭で要を得ているね。

ツルシ　第一条・私《わたくし》に金円を略奪する者は斬。第二条・女色を犯す者は斬。第三条・酒宴を為したる者は斬。第四条・私の遺恨を以て放火其の他乱暴を為したる者は斬。第五条・指揮官の命令に違背し私に事を為したる者は斬。――これを読んでも個人的な行為をいましめ、規律正しい行動を求めたことがよくわかる。

秩父困民党の役割表

役　割	氏　　名	年齢	出身地
総　理	田代　栄助	51	大宮郷
副総理	加藤　織平	36	石間村
会計長	井上　伝蔵	30	下吉田村
会計副長	宮川　津盛	56	上日野沢村
会計兼大宮郷小隊長	柴岡　熊吉	46	大宮郷
参謀長	菊池　貫平	37	長野県北相木村
甲大隊長	新井周三郎	22	西ノ入村
同副隊長	大野　苗吉	22	風布村
乙大隊長	飯塚　森蔵	30	下吉田村
同副隊長	落合　寅市	35	下吉田村
上吉田村小隊長	高岸　善吉	35	上吉田村
飯田村三山村小隊長	犬木　寿作	33	飯田村
三山村小隊長	今井幸三郎	38	三山村
風布村小隊長	石田造酒八	27	風布村
阿熊村上日野沢村小隊長	村竹　茂市	45	上日野沢村
白久村贄川村小隊長	坂本伊三郎	34	白久村
下影森村小隊長	塩谷　長吉	61	下影森村
蒔田村小隊長	宮田弥十郎	45	蒔田村
下日野沢村小隊長	新井　紋蔵	31	下日野沢村
三沢村小隊長	萩原勘次郎	23	三沢村
兵糧方	井上　善作	41	下吉田村
同	新井繁太郎	46	石間村
同	泉田　蔀	21	下小鹿野村
軍用金集方	井出　為吉	25	長野県北相木村
同	宮川寅五郎	40	静岡県浜松
弾薬方	守岩次郎吉	20	阿熊村
同	門松庄右衛門	53	三品村
鉄砲隊長	新井悌次郎	44	石間村
同	新井　駒吉	49	阿熊村
小荷駄方	横田　周作	31	群馬県三波川村
同	小柏常次郎	42	群馬県上日野村
伝令使	門平　惣平	31	上日野沢村
同	坂本　宗作	29	上吉田村
同	嶋田清三郎	37	本野上村
同	駒井　亭作	28	上日野沢村
同	高岸　駅蔵	44	石間村
同　病気の為不参加	新井　森蔵	—	大野原村
同	堀口　幸助	28	群馬県渋川駅

コウ　矢尾百貨店の『秩父暴動事件概略』に、困民党軍の厳しい規律に関する記述があるね。

ツルシ　困民党軍が大宮郷を占拠して、郡役所を革命本部としたあと、幹部が升屋（現・矢尾百貨店）を訪れときのもので、こう書かれている。

「このたび世直しをして政治を改革するため、しばらく多数の人民を集めたので、当店にて兵食の炊き出しをよろしくお願いしたい。高利貸営業者のような不正の行いをしない家には、破却《はきやく》あるいは焼棄《しようき》などは決して行わない。たとえ高利貸の家を焼いたとしても、その隣家にいささかも損害を加えないから、安心されたい。また、不法をいい、あるいは乱暴をする者があれば役所へ届けてもらいたい。各々成敗するから、そのように心得てほしい。したがって、当お店では安心して平日のように営業されたいと、鄭重《ていちよう》の詞《ことば》をもって申し来る」

コウ　秩父事件の重要ポイント〈7〉は、困民党軍の近代的な組織編成と軍律。実際、高利貸の家を焼くときには、隣家に濡れ筵《むしろ》をかけて、類焼を防いだ。

■圧制政府を転覆して世直しをなす

ツルシ　1884年10月31日の、風布《ふっぷ》村の金比羅《ことひら》神社（現・埼玉県秩父郡長瀞《ながとろ》町）での蜂起に始まり、信州・東馬流（現・長野県南佐久郡小海町）にまで拡大した秩父事件は、11月9日に軍隊により鎮圧された。埼玉・群馬・長野3県にまたがって、10日にわたって戦った秩父困民党軍。その経過は協議会編『秩父事件』に詳しいけれど、なにか強く印象に残ったことってある？

コウ　事件の渦中に、困民党軍の農民が発した言葉が毅然としている。たとえば、駆り出しをする際の檄《げき》とかね。

ツルシ　「恐れながら天朝《てんちょう》様へ敵対するから、加勢を」は、風布村の大野苗吉らが駆り出しをしたときの檄だね。「天朝」とは一般には朝廷をさすが、ここでは薩長藩閥政府のこと。田代栄助は、捕虜にした陸軍測量士に蜂起に加わるように説得した。「現時点の所はまず秩父郡一円を平均し、応援の来着を待って本県に迫り、事成るの日は純然たる立憲政体を設立せんと欲す」。

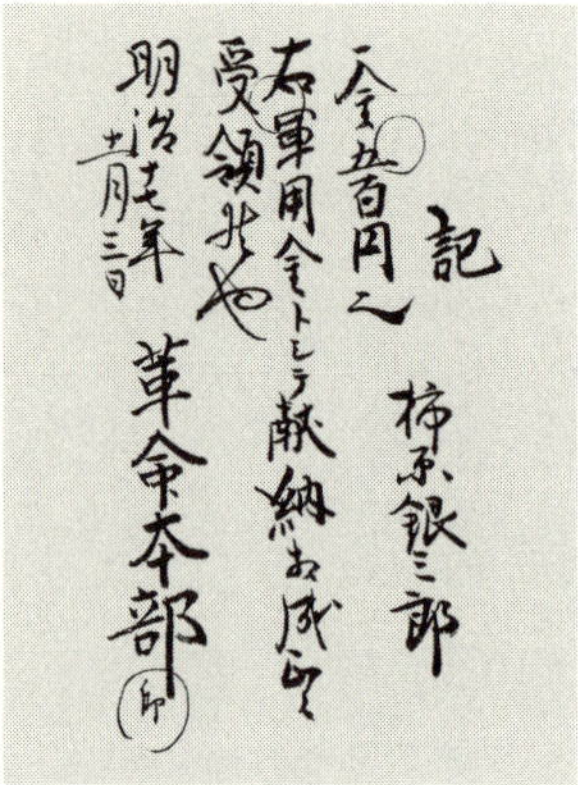
記
一金五百円也　柿原銀三郎
右軍用金トシテ献納相成候
受領候也
明治十七年十一月三日　革命本部　印

革命本部発行の領収書

コウ　坂本宗作は下吉田村での武器調達の際に、「今般自由党の者共、総理板垣公の命令を受け天下の政事を直し、人民を自由ならしめんと欲し、諸民のために兵をおこす」と叫んだ。

ツルシ　菊池貫平は、捕縛した埼玉県の土木技師に蜂起に加わるように説得。「現政府の施政は善良なるや否やご存知なるべし。お見かけの通り、人民かくのごとく蜂起せしは、来る二十三年の国会を待ちかねてのことなり。今十七年十一月一日、全国あまねく蜂起し、現政府を転覆し、ただちに国会を開く革命の乱なり」

コウ　『秩父暴動事件概略』によれば、大宮郷を占拠した困民党軍は「我々は圧制政府を転覆して世直しをなすための企望《きぼう》なれば、一家一名当て目印をなし義勇兵として早々人足を出すべしと揚言《ようげん》」したとある。

ツルシ　困民党軍は大宮郷で、豪家に対して軍用金調達を行ったけど、軍用金集方の井出為吉は領収書に「革命本部」と署名した。「やるな為吉！」と思ったね。

コウ　ハハハハハッ。もっとも、領収書を受け取った側は「革命本部」って、なんのことだか意味不明だったかもしれないけれど。

ツルシ　田中千弥も『秩父暴動雑録』に、上日野沢村の一農民の言葉を書き留めている。「官省の吏員を追討し、圧制を変じて良政に改め、自由の世界として、人民を安楽ならしむべし」

コウ　『秩父暴動雑録』には、駆り出した人びとを指揮して、竹内牧太郎が叫んだ言葉も記されている。「吾輩等はすでに国のために兵端《へいたん》を開き、戸長役場、また大宮郷警察署、および裁判所を破壊し、その書類を焼き棄てたり、官衙《かんが》を毀損《きそん》する、すでに政府に抗するなり。軍敗れれば、必ず厳罰に処せられるべし、衆この意を得て、よく力を尽くし、必勝を期せよ」

ツルシ　下吉田村の牧太郎は25歳、裁判で2円の罰金を科された。

コウ　困民党の幹部でもない、一農民のこの演説から、秩父事件に参加した農民たちの意識の高さがわかるといわれている。

■「暴動史観」を捏造した官憲

ツルシ　事件参加者の裁判の結果は、死刑12人（井上伝蔵・飯塚森蔵・菊池貫平は逃走）、無期・有期徒刑9人、重懲役5人、軽懲役28人、重禁錮100人、罰金・科料3667人。

コウ　明治政府は事件参加者を「凶徒聚衆《きょうとしゅうしゅう》罪」で裁き、首魁《しゅかい》（首謀者）を厳罰に処し、一般参加者を「付和随行」者とした。これが「暴動暴徒」観の形成を決定的にした。

ツルシ　秩父事件重要ポイント〈8〉は、明治圧制政権下の官憲による「暴動史観」の捏《ねつ》造《ぞう》だ。多数の参加者が少数の指導者に煽動された事件だとしたわけだ。

コウ　最初に「暴動」という言葉が使われたのは11月6日、秩父の村々に掲示された県令・吉田《よしだ》清英《きよひで》の告諭だった。「今般蜂起の暴徒等の……挙動についてはほとんど鎮定に至った。暴徒の中には、脅迫によって一時付随した者も少なくないと聞く。よってこの際すみやかに自首する者は、各々恩典をもってその罪を減免する……」。

ツルシ　これが秩父事件の「暴動史観」の端緒だとされている。その後事件参加者の子孫が肩身の狭い思いをし、口を閉ざさざるを得なかった。その名誉回復がなされるまで、ほぼ１００年の歳月を要したんだ。

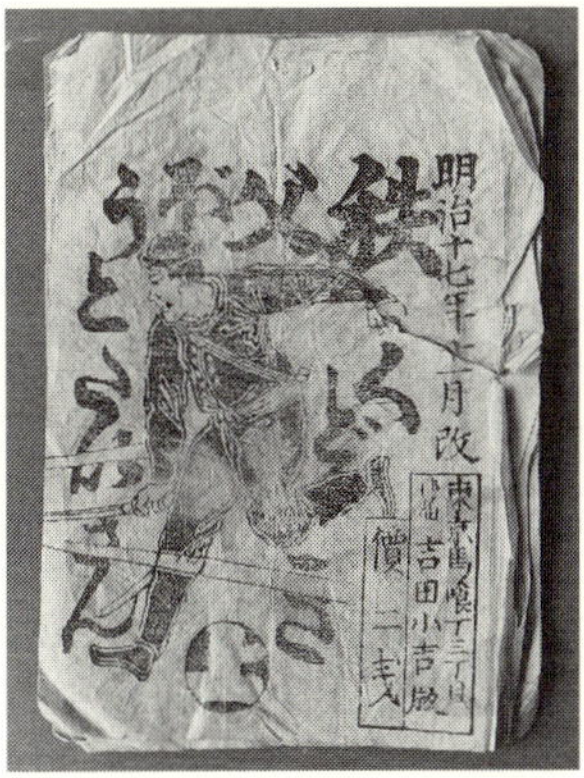

「秩父ぼうとたいさんくどき」

コウ　「暴動史観」を民衆の中に広める役割を果たしたのが、小冊子として廉価で販売された「秩父ぼうとたいさんくどき」や「時勢《じせい》阿房《あほ》太郎《だら》経《きょう》」。

ツルシ　「秩父ぼうとたいさんくどき」は「ぼうと」が貸しつけ会社や役場に乱入して書類を

焼き、諸方へ乱入して奪う金銭限りも知れずと、うたった。「時勢阿房太郎経」は、裁判所や警察署をこわして郡役所を乗っ取り、戸長役場に人足催促を要求して、出さねば首をはねるの放火するのと脅迫し、高利貸の家に放火する、〝無法で勝手な奴〟と印象づけ、「大長は金銀くすねて身成《しんしょう》をこしらえて何処かへ出奔《しゅっぽん》」してしまった、だから「お先もっこにゃ乗りたくないもの」と説教した。

コウ　私は、女性たちが事件にどう関わったのかにも興味がある。

ツルシ　それも重要なポイントだね。協議会編『秩父事件』によれば、事件に関連して逮捕された女性は3人。上日野沢村（現・埼玉県秩父郡皆野町）の新井チヨと黒沢ウラ、群馬県上日野村（現・群馬県藤岡市）の小柏常次郎《おがしわつねじろう》の妻・ダイ。3人は動員連絡の任務を担った。新井チヨは裁判尋問に対して、こう答えている。

問「困民党はみな竹槍などの武器を携帯しているだけでなく、各所で打ち壊しを行い、火をつけたりもしているが、それは承知であろう」

答「高利貸を打ちこわした話は聞きましたが、借金は返さなくてよいとのことになるというので、悪いこととは思いませんでした」
問「では、良いことと思ったので、方々に触れて歩いたというのか」
答「その通りです」

コウ　確固たる意志が感じられるね。事件とは直接関わりがないけど、日野沢村（現・埼玉県秩父郡皆野町）の自由党員、村上泰治《たいじ》の妻・ハンは、泰治を逮捕に来た巡査に、庖丁を持って抵抗した。国家権力の兇悪を見抜き、体を張って抵抗している。数え年でハンは18歳、チヨは19歳だった。

ツルシ　椋神社に結集した人員だけで３０００人。幹部たちの妻や家族はもとより、女性たちの賛同なくして、これだけの蜂起はありえないと思う。女性たちの意識に関しては、史跡ガイドをしてもらったとき、コウは新井健二郎さんにも質問していたね。

コウ　新井さんによれば、養蚕の実作業は女性の仕事だったから、その作業を通じて、女性も科学的・合理的な思考を身につけたのではないかと。埼玉県平均の小学校の就学率が40パーセントのとき、秩父は70パーセントを超していたのは、女性が教育の大事さを痛感し、子どもを学校に通わせたからではないかと。

ツルシ　新井さんは、「圧制に対する男たちの行動に、女性たちが反対することはなかっただろう」と断言していた。もし女性が男性を制するような家庭が多かったら、あんな大規模な蜂起は起きるはずがなかったと。

コウ　私たちの話で興味を持った読者は、ぜひ協議会編の本を読んでほしいね。

ツルシ　そうだね。

3章　半世紀を経て初めて等身大の評価

――秩父事件研究・顕彰／戦前

日本近代史上屈指の民衆蜂起とされる秩父事件は、事件後どのような評価を受けたのでしょうか。その功績や意義を正しく知らせる、ポイントとなった顕彰活動の足跡を見ていきたいと思います。参考資料は、井出孫六編著『自由自治元年――秩父事件資料・論文と解説』（社会思想社）と、篠田健一「秩父事件顕彰運動」です。

（1）「埼玉の暴動」と矮小化――板垣退助監修『自由党史』

自由党総裁だった板垣退助（1837〜1919年）が監修し、1910年に発行された『自由党史』（上・下2巻）は、自由民権運動とその中心的な政党だった、自由党の歴史を記述しています。秩父事件についての記述は、岩波文庫『自由党史』（上・中・下3巻）の（下巻）で読むことができます。一読して、秩父事件の矮小化《わいしょう》と事実関係の記述のずさんさに唖然《あぜん》としました。

『自由党史』は福島事件に始まり静岡事件に終わる、9つの「激化事件」（※）について記述しています。自由民権運動が挙兵やテロで対抗しようとする傾向が強まった背景には、集会条例・新聞紙条例の改正による集会や言論弾圧の強化、松方デフレ財政による米価や繭価の急落、軍備拡張のための大増税など、やむにやまれぬ理由がありました。

岩波文庫版『自由党史』では、秩父事件以外は二十数ページが費やされていますが、秩父事件については3・5ページです。秩父事件は約1万人の農民が参加、3800人余の検挙者を出しましたが、栃木県令・三島通庸《みちつね》や大臣らの暗殺を計画して16人の自由党員が挙兵、ほとんど未遂に終わった加波山《かばさん》事件には29ページが割かれています。

事実関係の記述のずさんさの具体例を挙げてみます。たとえば「田代栄助、新井周次郎、井出為吉、菊地勘平」の4人が死刑に処せられたとしていますが、まず「新井周次郎」は「新井周三郎」、「菊地勘平」は「菊池貫平」の誤記。井出為吉は死刑宣告を受けておらず、菊池貫平は死刑宣告を受けたが逃亡し処刑はされていません。逆に死刑に処せられた、困民党の中心メンバーだった加藤織平、高岸善吉、坂本宗作については名前すら出てこず、井上伝蔵が首謀者とされています。

さらに、秩父事件の参加者を「不平の農民、博徒、猟夫の類」とし、「実に一種恐るべき社会主義的の性質を帯ぶるを見る」という記述さえあります。そして、秩父事件以外の激化事件を「福島の獄」「高田の獄」「群馬の獄」「加波山の激挙」と記述しているにもかかわらず、秩父事件は「埼玉の暴動」としています。「暴動」とは、治安を守る体制側の権力言語（ターム）です。

『自由党史』には、自由民権運動をになったのは士族や豪農を中核とした自由党であり、ゆえに豪農ではない農民を中核とした秩父困民党の蜂起を、自由民権運動の中で異端視する視点がありました。

さらに、『自由党史』には、欽定憲法の制定を徳川幕藩体制をくつがえしてつくった、天皇制国家の総決算とする史観がありました。欽定憲法制定が着々と近づいていたとき、秩父困民党はこれに挑戦する「世均《なら》し」を掲げていました。「世均し」とは、貧富の格差をなくすことです。秩父事件は『自由党史』の視野や史観を、はるかに超えていました。『自由党史』が後世に伝えた虚像により、秩父事件はその実像を現す機会を極度に遅らされたのです。

（＊）「福島の獄」（福島事件・1882年11月）、「高田の獄」（高田事件・1883年3月）、「群馬の獄」（群馬事件・1884年5月）、「加波山の激挙」（加波山事件・同年9月）、「埼玉の暴動」（秩父事件・同年11月）、「飯田の獄」（飯田事件・同年12月）、「名古屋並に静岡の獄」（名古屋事件・同年12月と静岡事件・1886年6月）、「朝鮮改革運動」（大阪事件・1885年11月）。

(2)「暴徒」ではなく「志士」――落合寅市の抗議と井上伝蔵の死

まず最初に復権と顕彰に取り組んだのは、秩父郡下吉田村の落合寅市《とらいち》でした。重懲役10年の刑に処せられた寅市は、大日本帝国憲法発布の大赦《たいしゃ》で出獄。その後、寄付を募り、死刑となった副総理「加藤織平之墓」を明治末年に建立。墓の台石に刻まれた「志士」という文字は、「暴徒」に対置する「立憲志士」の意味でした。

秩父事件研究顕彰協議会編『ガイドブック秩父事件』(新日本出版社、1999年)によれば、警察が台石の「志士」を削れといってきたが、寅市は突っぱねたといいます。さらに同書によれば、「加藤織平之墓」は「よく見ると墓の角の所々が小さく欠けている。これはアジア太平洋戦争の時代、学校に通う子どもたちが石を投げつけたために欠けたものだという。当時の学校教育を偲ばせる話である」。

1912年ごろにキリスト教の救世軍に加わった寅市は、「秩父殉難志士慰安碑」建立運動を開始。寅市が同志に送ったその趣意書には、「圧制の政治を回復する自由の大義を敷かんとするを暴徒と称する」ことに対して、抗議をしています。しかし、寅市存命中に

臨終直前の井上伝蔵。中央左が妻・ミキ、右が長男・洋

は碑の建立は実現しませんでした。

井上伝蔵は事件後、下吉田村の斎藤家にかくまわれ、欠席裁判で死刑判決を宣告されました。伝蔵は1887年秋、北海道に渡り、伊藤房次郎の名で代書屋を開業。高浜ミキと再婚し、3男3女をもうけました。1918（大正7）年6月、伝蔵は腎臓病による死に臨み、妻・ミキと長男・洋《ひろうみ》に、自分が秩父事件に関わった井上伝蔵であることを告白しました。

伝蔵は洋に「秩父事件は暴動ではない、国事犯（国の政治上の秩序を侵害する犯罪）でなかったのが残念だ」と語りました。洋が野付牛《のつけうし》（現・北見市）の聖徳寺の住職に、それを伝えたので、同寺の過去帳には「井上伝蔵此人埼玉県秩父ノ人　明治十七年秩父事件ノ国事犯人　明治初年秩父事件ノ巨魁ノ一人ナリ」と記されています。

伝蔵の死の直後、洋はその話を生前、伝蔵と交際のあった「釧路新聞」記者・岡部清太郎に語りました。岡部は同年7月、「釧路新聞」に伝蔵の遺言を書き綴った「秩父颪《おろし》」を22回（7月4日〜8月2日）にわたって連載しました。

その第1回を紹介しますが、これを読んでも「暴徒」とはかけ離れた伝蔵（高浜の御爺《おじい》さん）の人柄が浮かび上がってきます。

秩父颪「釧路新聞」七月四日

高浜の御爺さんが暴徒の首魁？　彼《あ》の柔和な品の善い御爺さんが暴動の大将だなどとは何かの間違いだろうとて、野付牛《のつけうし》で此の御爺さんを知る人は容易に御爺さんの井上伝蔵なる事を信じない。唯斯《ただ》うと聞けば鼻の高い口元の引締った顔、極めて温雅な物越格好殊《こうこと》に言葉使の上品な所は如何《いか》にもと志士の面影が偲ばれる。其雑品買と云う商売に対して益々《ますます》由緒ある人の果てと首肯《うなず》かれるのだ。

暴徒、暴動と云うも彼等は皆慨世《がいせい》憂国の志士である。福島事件、高田事件、群馬事件、加波山《かばさん》事件、秩父事件、名古屋、静岡の両事件、偖《さて》は朝鮮征伐の大阪事件等彼等の

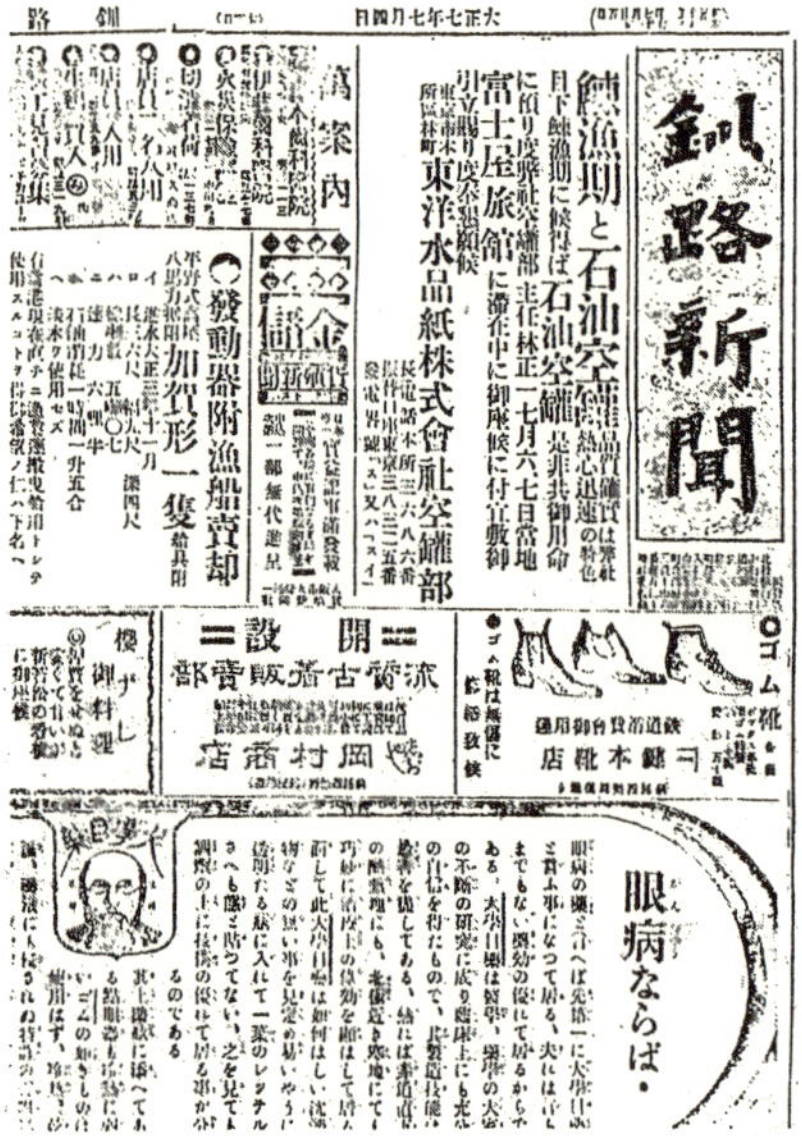

『釧路新聞』1918年7月4日付

中には、強盗殺人の罪名を負える者尠《すく》なからざれど、後ちには何《いず》れも国事犯《こくじはん》又は准国事犯を以《もっ》て擬せられたる如く、其志や天下に在って存し夢寐《むび》尚《な》お国威の発揚民人の利福を忘れず。時の政府が国政を擅《ほしいまま》にし、上は聖明を蔽《おお》い、下方衆を虐《しいた》ぐと信じたるが故に、而《しか》して言論を以てして其目的を達し難き状勢なりし為め、不本意乍《なが》ら暴力の最後の手段に出でたのだ。若《も》し政府にして言論の自由と輿論《よろん》の尊重とに今少しく意を致したならば強《あなが》ち斯《か》かる多数の類似事件頻発を見る事なくして済んだのだと思われる。

高浜の御爺さん亦《また》野付牛で一時は家計のため雑品買と迄《まで》も成ったが、壮年天下を志し、騎虎《きこ》の勢い遂に武州秩父山に自由の旗を翻して同志三千を糾合し、血を以《もっ》て政府顚《てん》覆《ぷく》を図り、廟堂《びょうどう》の大官を震駭《しんがい》せしめた関東男児の精であった。時に利あらず、事皆志

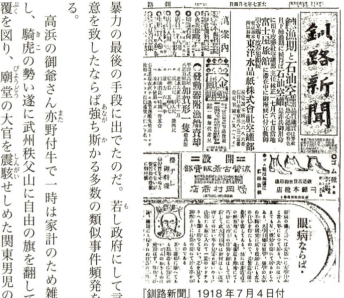

と違い同志離散、己《おの》れ亦死刑の宣告を受くるに至ったが、落々たる雄心、国を憂る一片（一字欠、耿《こう》か）々の志已《や》み難く、危き捕吏の手を逃れて北海に渡り、機を得て再挙を試み、斯《か》くて幾多犠牲者のために活《い》きたる追善供養を行わん深謀ありしなれど、星移り物変り大勢は殊更氏等が手を煩わす要なき世となりしを以て、茲《ここ》に陋巷《ろうこう》を出でず無量の感慨を冷かなる微笑に包み、僅《わず》か数語を妻子に物語って去る六月二十三日朝、野付牛町の仮寓《かぐう》に永眠したのだ。世界の戦雲次第に東に伸びて今や東亜の時局日に益々険悪を加え、措置一歩を誤らば国難更に重きを加えんとするの秋《とき》、英魂《えいこん》果して何処《いずこ》にか迷う。柔しい高浜の御爺さん、即ち志士井上伝蔵を語るには先ず秩父暴動を説き、更に是れと脈絡ある当時の幾多政府顚覆陰謀事件を明かにする必要がある。（現代仮名に改め、ルビを振った。『自由自治元年』収録）

また、『東京朝日新聞』と『東京毎夕新聞』が、伝蔵の来歴を報道しました。

（3）社会主義運動の体験から照射――堺利彦

『自由党史』によって長い間、矮小化・歪曲化《わいきょくか》されていた、秩父事件の本格的な顕彰を初めて試みたのが堺利彦《さかいとしひこ》（1871～1933年）でした。堺が初めて秩父を訪れたのは1927年7月。堺が当時、『中央公論』に連載していた「当《あて》なし行脚《あんぎゃ》」、その第2回「当なし行脚（其二）百穴＝田植＝秩父騒動＝長瀞《ながとろ》」（『中央公論』1927年8月号）を執筆するためでした。秩父事件発生から43年後、このとき堺は56歳です。

この小旅行記には「秩父の三越と呼ばれるデパートメント・ストア」（現・矢尾百貨店）や「乗合自動車」についての記述があったりして、昭和初期の秩父の風俗ルポルタージュとしても、実におもしろかったです。現在の口語に近い、堺の軽妙な文体のルポルタージュによって、私と秩父事件との「時間的な距離」が一挙に縮まりました。

秩父町（現・秩父市）の茶店に入った堺は、店の主人や客と、43年前に起きた秩父事件についての会話を交わします。そして、堺は茶店の近くにある田代栄助の長男・田代啓助宅を訪ね、事件に関する田代の裁判調書を後日借りることにしました。啓助は当時68歳。この秩父取材と田代の裁判調書や新聞報道などの素材をもとに、堺は「秩父騒動」（『改造』１９２８年10月号）を執筆しました。

「秩父騒動」は、11月1日の椋神社での蜂起から、同月15日に知人宅で田代が捕縛されるまで、田代の裁判調書を主にした秩父事件の経過を追っています。「秩父騒動」は、現在と比べて情報が圧倒的に少ない時代に、堺が書いた労作ですが、人名・地名などの誤記も多く、現在の研究顕彰レベルでは参考になるものはほとんどないのかもしれません。しかし、最終章の「言いもらした点々」に注目です。その要旨を記します。

『改造』1928年10月号

★……この事件が自由民権運動と関係のある事は争われない。田代自身もフランスの法律が高利を禁じている事など語り、フランス学の影響を見せている。だから此の事件も、明治十年代に於ける、多くの自由党暴動事件の一つだと見る事が出来る。

★金貨の流行と、それに対する多数人民の苦悶とは、当時の社会に於ける一般的現象であったらしい。殊に『秩父は他郡の比に非ず、僅に蚕糸を以て生計を支う、然るに近年その価格甚だしく減却せり、今一年せば小民共大半飢餓に陥る』だろうとは、田代の語る所であった。

★秩父町は今や、『秩父の三越』と呼ばれるデパートメント・ストアが出来たり、乗合自動車に赤襟嬢がいたりする程の、当世的都会になっている。武甲山の全山が石灰岩であるので……石灰採掘の産業が起り、秩父町には秩父セメント会社の大工場が建築されている。そしてその大工場の傍らに、田代栄助氏の長子田代啓助氏の小さな家がある。私は去年啓助氏を訪問して、氏に導かれて栄助氏の墓に参詣した。墓は昔、栄助氏が天蚕を飼ったという、その山の麓にある。私は啓助氏と共に、墓前に……のびた雑草を抜きすてつつ弔意を表した。秩父町にはその頃、石灰工場のばい毒問題がやかましかった。資本家と小市民との対立が、今は何処まで発展しているやら。

ここでは秩父事件を「自由民権運動と関係のある事は争われない」とし、「多くの自由党暴動事件の一つだと見る事が出来る」と断定し、「暴動史観」を覆しています。「金貨の流行と、それに対する多数人民の苦悶」は松方財政への批判です。蚕糸の「価格甚だしく減却せり」は当時の世界経済を視野に入れ、「資本家と小市民との対立」は資本主義経済に必然的に生じる貧富の格差を指摘しています。

秩父事件を「其嘯集《しょうしゅう》せる衆団は素之《もとこ》れ不平の農民、博徒《ばくと》、猟夫の類」として、自由民権の正統から除外したのは『自由党史』でした。長い間、『自由党史』流に歪曲されたまま、歴史の片隅に放置されていた秩父事件を、堺自身の社会主義運動の体験をふまえて鮮やかに評価し直したのです。堺の労作「秩父騒動」について、『自由自治元年』の「解説」は、こう評しています。

〈田代裁判記録と当時の「二、三の新聞」によって、このように正確な秩父事件の骨骼をとらえた堺の非凡さの背後には、明治三十四年の社会民主党創立（直ちに禁止解散）以来、明治大正と困難な社会主義運動の中心にあって、苦闘してきた堺利彦の体験が、秩父事件照射の光の源泉として横たわっているようにも思われるのである〉

〈堺論文の書かれた背後には、大正末から昭和にかけて、急激に盛り上がってきたこの国の左翼運動とその背景となった昭和恐慌とがあげられねばなるまい。むろん、歴史的性格においては差はあったが、それは明治十年代後半の自由民権運動の激化とその背景にあった政治・経済情勢と酷似するものがあったといえよう。そのような状況のなかで、秩父事件の意味がもう一度問い直される必然性があったともいえる〉

（4）「戦前秩父事件研究の最高峰」——平野義太郎

堺の画期的な論考を受けて、『歴史科学』（1933年12月号）に掲載されたのが、平野義太郎《よしたろう》（1897〜1980年）の「秩父暴動——その資料と検討」です。

1932年5月から翌33年8月にかけて、『日本資本主義発達史講座』（以下『講座』）が岩波書店から7回配本・全7巻で刊行されました。

時勢は日本帝国主義の中国侵略戦争開始の前夜。日本共産党の理論家・野呂栄太郎《のろえいたろう》（1900〜34年）が、大きな意味で日本の民主主義という志を共通している、マルクス主義研究者たちを結集。日本資本主義の過去・現在・前途を分析し、日本革命の展望の科学的な基礎を明らかにするという課題に、意欲的に挑戦したのが『講座』です。不破哲三『歴史から学ぶ——日本共産党史を中心に』（新

『歴史科学』1933年12月号

日本出版社、2013年）の「はしがき」に、この研究について「科学的社会主義の理論に対する日本共産党の自主的研究の源流をなしているという印象を強く受けました」と書いています。

『講座』には、日本の社会進歩のためには、絶対主義的天皇制を変革しなければならないという、革命路線に賛同する執筆者が参加しました。平野も政治学者として、『講座』の編集・執筆に参画した研究者のひとりでした。同書の刊行は合法活動でしたが、企画・編集の中心人物だった野呂が非合法活動に入らざるを得なくなった後、野呂のあとを引き受けたのが平野でした。

平野は『講座』刊行の過程で、「資本の本源的蓄積過程における労働者・農民の社会的・政治的運動」を研究し、「秩父暴動」の深い歴史的意義や基本的性格を掘り起こしました。そして「秩父暴動」を「革命的農山村窮民、貧農の激化の頂点」と位置づけました。平野はこうした考察を裏づける意味で、別に「秩父暴動――その資料と検討」を執筆したのでした。

「秩父暴動――その資料と検討」の要点を挙げてみます。

★秩父暴動は資本の本源的蓄積過程に激化した、革命的小農民の運動の頂点である。資本主義の農村侵入が農民層の階級分化を引き起こした真っ只中に、自由民権運動左派が加わって起きた秩父暴動は、明治初年の農民騒擾《そうじょう》とはまったく性質を異にする。自由民権運動過程における農民激化のもっとも集中的典型的最高の形態である点において、詳細な史的検討を必要とする。

★秩父暴動は資本の本源的蓄積過程における、もっとも深刻な（資本関係創出期を特徴づけるもっとも深刻な沈衰期、明治十四、五年より十八年にわたる）小生産者の生産諸手段収奪過程に起こった。資本制生産様式の端緒と半封建的な土木賦役道普請・地租・小作料・高利貸債務との矛盾の圧迫が、現出した地盤に起こったものである。資本制商品生産・流通の様式が、農村に侵入するにしたがい、その分解度の強いだけ、半封建的諸関係が桎梏《しっこく》になり、その除去にむかったのである。これが小農民をして「困民党」を結成させた。

★自由党が解体せざるをえなかったのは、秩父暴動が下からの勤労農民・小生産者の革命運動だったからである。推進的運動の階級的地点がブルジョア・豪農的な自由党と、秩父困民党とでは区別されなければならない。したがって、秩父事件は普通の史家がなすように、一般の自由民権運動に解消させてしまうことはできない。下からの変革のエネルギーが小ブルジョア左派を引き入れながら、指導の薄弱なために潰されたが、小ブルジョア左派を引き入れるエネルギーは能動的起動的であった。

★従来の秩父事件を扱った史書や史家は、下からの大衆の革命行動を観察しない不充分きわまるものだった。自由党左派の政府転覆事件（福島・加波山事件）と秩父暴動とを同一視し羅列するのをつねとし、この秩父暴動のごとき、下からの根ぶかい人民下層大衆の革命運動の性質を、意図的にもオミットした。この運動の民主的変革性を、一、二の首謀者の「利用」に解消したり、「首謀者が大衆に引きずられた」とする見方も、貧農の下からのブルジョア民主的な革命性を抹消するものである。ブルジョア・豪農地主の自由党運動から逸脱したために、「純然たる政党運動ではない」などとしている。従来の百姓一揆とも異なり、純然たる政治運動とも距離がある、つまり百姓一揆とブルジョア的政治運動との過渡期的所産――こういう考察も誤謬《ごびゅう》である。

★堺利彦「秩父騒動」は、これらブルジョア史家とは異なる観点から追究してはいたが、資本主義が農民層を分解してゆく過程などを分析していない欠陥をもっていた。

★事件の原因は、資本関係創出期における深刻な構造的矛盾にある。それは全般的危機にある資本主義の体制的危機点と対置さるべきほどの深刻な危機であった。

★秩父地方における、地方的小製糸業が国際市場の環につながれ、資本制生産＝流通様式の侵入により、半封建的零細耕作農業の不可欠の補充部門たる養蚕業が、ますます深く同地方に根を下ろすにいたった。原料生糸の商品市場が拡大するにつれて、養蚕農家はその生産規模を拡大し、製糸資金を問屋・高利貸資本から金融融通を受けた。問屋制家内工業が成立していたであろう養蚕農家を従属せしめる、商業資本は窮迫していく秩父地方の農村に深く広く根を張り、生糸の市場価格変動の危険を全部、直接的生産者（賃機業者）に転化した。糸繭価の劇落は、農民家計を決定的に貧窮に陥れた。

『自由自治元年』の「解説」は、平野のこの論考を「社会科学的に歴史学の対象として位置づけた論文」であり、「戦前の秩父事件研究の最高峰に登りつめた」ものであり、そして秩父事件研究は「この平野論文をもって凍結されて戦後に引きつがれると考えてよいだろう」としています。

秩父事件を、社会運動・政治運動の実践のなかからとらえた堺、社会科学や歴史学の対象としてその特質をとらえた平野。ふたりの論考が世に出るまで、事件からほぼ半世紀の時を要しました。この時の経過について、『自由自治元年』（井出孫六「『自由自治元年』について」）はこう指摘しています。

〈秩父事件は半世紀を経て初めて等身大の評価をうけることができるほどの〝先駆性〟をもった闘争であったということではないだろうか。前記二論文が世に出たのは、日本の社会主義運動が開花し、それに対応して、急速に強大となったファシズムによって社会主義運動が抑圧されようとしていた時期である。そのような時期に、初めて秩父事件が継承すべき重要な特質をそなえた闘いであったことが鮮明にされたものだともいえる〉

4章　100周年記念碑に「自由への狼火」

——秩父事件研究・顕彰／戦後

秩父事件はブルジョア民主主義的変革を目ざした革命運動だったという、平野の画期的な論考により、追憶の対象から歴史学研究の対象に引き上げられました。戦後の秩父事件の歴史的意義を深化拡大する研究・顕彰活動は、まずこの平野の功績を受け継ぐことから始まりました。

（1）中澤市朗と「秩父騒動70周年記念集会」

秩父事件を記念する最初の集会は、1954年11月に秩父市で開催された「秩父騒動70周年記念集会」でした。秩父市在住の中澤市朗《なかざわいちろう》（1932〜2005年）らが中心となって開催し、平野義太郎が「自由民権運動と秩父事件」を講演しました。平野が「秩父暴動――その資料と検討」を発表してから21年が経過し、平野はこのとき57歳です。『ガイドブック秩父事件』に、演壇で講演をしている平野の写真が掲載されています。そして、この記念集会を機に、平野の先駆的な秩父事件に関する研究成果が、多くの人々に発展的に受け継がれることになります。

中澤が東京都立大学の学生歴研のメンバーとして、初めて秩父事件の現地調査を試みたのは1952年夏でした。加藤織平の事績をその家族から聞くため、石間の織平の家を訪ねたときのことを、中澤が「殉難者遺族との対話を」に、こう記しています。


〈「秩父事件のことで、話をうかがいたいのですが――」

私はそう言ったが、その老婆は振り返りもせず、ひとことも口をきかぬまま、豆をたたきつづけていた。手ぬぐいをかむり、腰を曲げたまま、全く無表情で、たんたんとして農作業をつづけていたその人の姿を、私は今でも忘れることはできない。

私はその時、この老婆の沈黙の姿勢の中に、吹き荒れた「秩父暴動」史観の中で、かたくななまでに口を閉ざし、「秩父暴動」への追憶を拒否しつづけてきた、遺族のきびしい人生をみたように思った。

その老婆とは、多分加藤織平の嫁にあたる人であったろう。

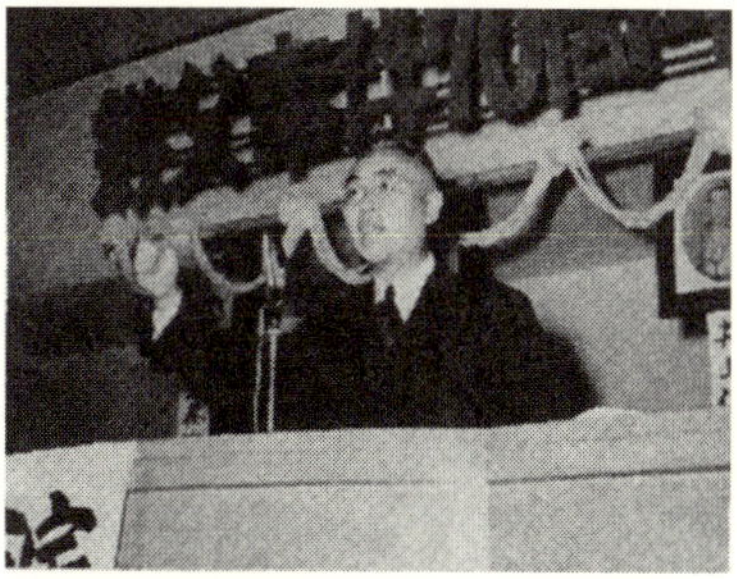
70周年記念集会で講演する平野義太郎
（提供・中澤市朗）

「語らない遺族の口を開けてゆく、それが俺の歴史研究の目的の一つなのだ――」

そのときふと、そんなふうに思った。私たちが秩父事件七〇周年の集会を秩父市で開いたのは、その翌々年の秋であった。〉

秩父で生まれ育ち、幼いときから「暴徒話」をよく聞かされていた中澤が、秩父事件の研究・顕彰に取り組むきっかけとなったのは、1952年に民主主義科学者協会歴史部会が提唱した国民的歴史学運動への参加でした。国民的歴史学運動は、村や工場の歴史の調査執筆、民話や民謡などすぐれた文化遺産の再評価、義民顕彰運動などを提言。中澤が「秩父騒動70周年記念集会」開催を企図したのも、国民的歴史学運動の一環でした。

〈それが地域における顕彰集会の第一歩となった。学窓を去ったわたしは故郷に帰った。そこで日本共産党の活動を続けながら天皇制政府によりつくりあげられた「秩父暴動」の虚像をはぎとり、それが農民たちにとり正義のたたかいであったこと、この事件が自由民権運動史上光彩を放つ自由と民主主義のたたかいであったことをあきらかにしてゆく仕事に取り組み始めた〉(中澤市朗『改訂版　自由民権の民衆像　秩父困民党の農民たち』・新日本出版社)

（2）画期となった「秩父事件88周年記念集会」

井上幸治『秩父事件――自由民権期の農民蜂起』（中公新書）が出版されたのは、1968年でした。秩父出身の西洋史学者である井上は、「まえがき」にこう記しました。

〈わたくしは秩父事件が自由民権運動の最後にして最高の形態であり、これがわがふるさとの事件であったことを誇りと思っている〉

秩父事件の研究顕彰が活発化する中、吉田町の町議に初当選（1969年4月）した新井健二郎さんは、秩父事件顕彰を町議活動の主要な政策に掲げ、町民と行政を巻き込んだ、町ぐるみの活動にシフトさせていきました。

秩父事件発祥の地でありながら、吉田町には町史がなく、新井さんは町議会で町史編纂《へんさん》を提案。10年の歳月をかけ1200ページ余の労作『吉田町史』が完成しました。町史編纂委員長を務め「秩父事件」の項を執筆したのは、永法寺住職で当時教育長だった小林弌《いち》郎《ろう》さん。当初、日本共産党に違和感を抱いていた小林さんは、新井さんとの交流を通じて、秩父事件顕彰運動のよき理解者となり、同党の機関紙「赤旗」の購読者にもなりました。しかし、秩父事件に対する町民の見方は「あれは暴動、参加者は博徒、俺たちの先祖は脅されて駆り出された被害者だ」という、戦前から少しも変わらぬものでした。

秩父事件顕彰運動の画期となったのは、1972年10月、吉田町で開催された「秩父事件88周年記念集会」でした。参加者500人、県知事のメッセージが寄せられ、死刑執行された田代栄助や加藤織平の孫など事件参加者の遺族も出席。この集会で新井さんは、地元町議として、自ら起草した決議文を読み上げ「100周年には記念碑を建立しよう」と呼びかけました。

「秩父事件88周年記念集会」を主催したのは、埼玉県歴史教育者協議会（埼玉県歴教協）、秩父歴史教育者協議会（秩父歴教協）、秩父教育の会。秩父歴教協のメンバーとして、この集会に参加したのが篠田健一さんです。遺族の参加が実現したのは、秩父歴教協が遺族調査を行い、参加を呼びかけたからでした。

〈加藤織平の孫衛一氏には何回も参加を促したが、出席するとはいわなかった。しかし、集会当日受付に現れ、「副総理」だといったという。田代栄助の孫小泉伝四郎氏は「八八年ぶりに陽の目をみた」といった〉（篠田健一「秩父事件顕彰運動」）

篠田さんは1944年に東京都で生まれましたが、空襲で自宅が焼けた翌年、両親の出身地、埼玉県秩父郡小鹿野町に移住。同地で育ちました。大学卒業後、社会科教諭として小鹿野中学に赴任。秩父事件に興味を持つきっかけとなったのは、教職に就いて2年目に出版された、井上幸治『秩父事件――自由民権期の農民蜂起』でした。

「秩父事件88周年記念集会」を通じて、中澤さんと新井さんと篠田さんの交流が始まりました。90周年集会を主催した「秩父事件九〇周年集会実行委員会」のメンバーは、篠田さんが所属する秩父歴教協や埼玉県歴教協、中澤さん、新井さんなどでした。同委員会は「秩父事件顕彰運動実行委員会」へと改称し、以後、100周年まで毎年集会を開催していくことになります。

（3）蜂起の地・椋神社に100周年記念碑

100周年が数年後と迫ったころ。新井さんは町議会の一般質問で、秩父事件について記述した小中学校の社会科教科書を開いて見せながら、熱弁をふるいました。

「秩父事件は自由民権運動の一環で、それは全国の子どもたちにとって今や常識です。地元がいまだに暴動視していたら、全世界に恥をさらすことになります。歴史的な事実を知り認識を改め、先祖たちの名誉を回復し、誇り高く町の歴史を語れるように、町のリーダーであるみなさんが率先して取り組まねばなりません」

吉田町議は20人、共産党議員は新井さんひとり。新井さんの獅子《しし》奮迅《ふんじん》の活動などが奏功し、記念碑を建てる場所は、椋神社と氏子と町行政の協議で同社の境内に決定。戦前、『秩父殉難志士慰安碑』の建立活動をしていた落合寅市も、椋神社境内にこの碑を建てようとしましたが、氏子や神社から拒絶され、歯牙《しが》にもかけられなかったといいます。

寅市の遺志を継いだ、寅市の四男・落合九二緒《くにお》氏が、秩父市羊山公園に「秩父事件追念碑」を建立したのは1964年秋でした。しかし、このときもまだ、氏子や神社の反対があり、椋神社境内に建てることはできませんでした。篠田さんは「秩父事件百年の碑」について、「あの碑は新井健二郎さんのたたかいを顕彰する碑でもあります」と語っています。

1983年8月、秩父事件百周年・吉田町記念事業推進委員会が発足し、秩父事件顕彰運動実行委員会との共同事業として、記念碑を建立することに決定。しかし、両委員会の協力態勢が整うまでには、ひと悶着《もんちゃく》ありました。

町の各界代表からなる記念事業推進委員会と、顕彰運動実行委員会との検討会議でのことでした。顕彰運動実行委員会からは、事務局長と新井さんが参加。開会直後「顕彰運動実行委員会のおふたりがおられるようですが、新井さんは共産党で、われわれとは考え方が違います。おふたりには、会場から出て行ってもらえないでしょうか」という発言がありました。

ふたりはやむなく一時、退場。会議進行役の教育長・小林弌郎さんが、ふたりに「帰らんとロビーで待っとってください。どうせまたお呼びすることになりますから」といいました。小林さんは、記念事業推進には、秩父事件の研究顕彰を地道に積み重ねてきた、顕彰運動実行委員会の協力が不可欠であることを理解していたからです。

ふたりが退場した後の検討会議で、小林さんはこう切り出しました。

「わたしとしては、顕彰運動実行委員会にご協力いただくつもりで、お呼びしたのですが、みなさんがいらないというので、出て行ってもらいました。それでは本題に入ります。大きな節目になる100周年には、全国から多くの学者や研究者やマスコミなどが、町に来られると思います。地元の方への質問もあるでしょう。みなさんに解説していただくことになりますが、その際は、史実に基づいた丁寧な解説をお願いいたします」

その後、小林さんと出席者の間に、こんなやりとりがありました。

「教育長、ちょっと待ってくれ。それは俺たちがやるんか、そりゃ困る」

「じゃあ、みなさんにお聞きしますが、秩父事件の顚末《てんまつ》について語れる人は、手を挙げてください」

挙手した人はひとりもいませんでした。

「じゃあ、みなさんは、よく知っている人を追い出して、知らない者ばかりで、これからいかにして会議を進めるのですか」

当惑した出席者は、お互いに顔を見合わせて相談し、「教育長、誠に申し訳ねぇが、おふたりにもう一度来ていただいて、ご協力いただくようにお願いしてみていただきたい」

椋神社境内に建立された「秩父事件百年の碑」と「青年像」の除幕式で
閉会の辞を述べる新井さん＝1984年11月

との結論を出し、ふたりは会場に戻りました。

新井さんは、35年前のこの会議のことを、こう回想しています。

「このとき会場にいた人たちは、今までは暴動史観で一蹴してきたけれど、まともに聞かれると、なにひとつ答えられないことに気づきました。出席者全員が、それまで経験したことのない、思想闘争を余儀なくされたと思います。これで推進委員会と顕彰運動実行委員会が同等の立場になり、100周年事業を成功させることができました」

記念碑の建立は、町の反共的な風土と

対になった「暴動史観」とのたたかいでもありました。新井さんは史実を提示して、粘り強く説得。たとえば、秩父事件の基本史料とされ、参加農民の言動を詳細に記録している『田中千弥日記』の一節には、「官省の吏員を追討し、圧制を変じて良政に改め、自由の世界として、人民を安楽ならしむべし」とあります。

「あなた方は、官憲や『自由党史』が捏造《ねつぞう》した情報をうのみにして、暴動暴徒というけれど、これのどこが暴動暴徒なんですか。俺がいっているんじゃねえぞ。敬愛すべき、あんた方の先祖が、そういう発言をしてるじゃないか」

新井さんの正論に、反対の意見を持つ面々も真っ向、反論できなかったといいます。

秩父事件顕彰運動実行委員会の協力を得て、吉田町の秩父事件百周年記念事業として推進された「秩父事件百年の碑」が、事件の復権を願う人々の寄付により、ブロンズの「青年像」とともに、秩父事件蜂起の地・吉田町の椋神社境内に建立されたのは1984年。参列者700人の盛大な除幕式が行われたのは、同年11月3日でした。碑文はこう結ばれています。

〈秩父事件より百年、自由と民主主義が愈々《いよいよ》重きをなす今日、私たちは、この運動の源流としての秩父事件を、切に思う。茲《ここ》に、父祖たちの鎮魂と共に事績を顕《あき》らかにしその遺産を継承すべく記念碑を建て、自由への狼火《ろうか》が、わが秩父谷にあげられた証《あかし》としたい〉

中澤さんが碑文の文面を草案し、椋神社の神官が毛筆に起こしました。

秩父事件の研究と顕彰を統一的に推進するため、秩父事件百年記念事業実行委員会を母体に、個人加入の「秩父事件研究顕彰協議会」が結成されたのは、1985年11月でした。そのおもな活動は、会報の発行、研究会・講座・集会・フィールドワークの開催、出版、他団体との交流などです。

（4）120周年記念映画「草の乱」

1994年11月、吉田町で開かれた110周年記念集会で講演をした俳人・中嶋幸三さんが、新井さんを呼び止めて声をかけました。

「吉田で100周年記念事業ができたのは、新井さんがいたおかげです。みなさん、承知しています」

新井さんにとってこれほどうれしいねぎらいの言葉はなく、感動で体がしびれました。

その後、「秩父事件研究顕彰協議会」と新井さんが精力的に取り組んだのは、事件関連資料などを展示公開する記念館の建設でした。椋神社の近くの敷地に新設記念館をという要望は資金難で実現しませんでしたが、2001年に、廃校になった旧石間《いさま》小学校を改装した石間交流学習館の2階に「秩父事件資料館」が創設されました。

新井さんが吉田町議を引退したのは、2001年3月。2005年4月、吉田町は秩父市に合併編入されましたが、町ぐるみでの顕彰運動の継続が大きく花開いたのは、２００４年９月に公開された、秩父事件１２０周年記念映画「草の乱」（神山征二郎監督）でした。緒形直人、林隆三、杉本哲太、藤谷美紀、田中好子らが出演する、大作完成のきっかけとなったのは、神山監督の「郡上一揆《ぐじょういっき》」（２０００年公開）を観た有志の、同監督へのはたらきかけでした。

ロケ・シーンのほとんどが秩父郡内で撮影され、多くの地元住民がボランティアでエキストラ出演。全国から駆けつけたエキストラをふくめて、その数はのべ８０００人。困民党の農民が履いているわらじ３００足を編んだのは、新井健二郎・安喜子さん夫妻でした。椋神社の蜂起のシーンは、史実に則り、実際に11月1日夜、椋神社境内で撮影されました。製作費の工面、シナリオの確認や時代考証、ロケでの弁当の手配など、秩父事件研究顕彰協議会の全面バックアップがありました。

(5) 秩父事件研究顕彰協議会の会報『秩父』

秩父事件研究顕彰協議会(以下、協議会)の会報『秩父』が、創刊されたのは1986年2月でした。その創刊号から2009年11月発行の133号までの合本を、通読してみました。

協議会の会長は初代・田島一彦さん、2代目・鈴木義治さん、3代目・篠田健一さんです。初代会長の田島さんが、『秩父』に寄稿していた「秩父事件外伝」は人気連載でした。田島さんはこの連載で、秩父事件に参加した田島源十郎・善一郎父子に言及しています(1995年11月・49号)。源十郎・善一郎は、田島さんの曽祖父・祖父にあたります。事件当時、源十郎は62歳、善一郎は32歳でした。

この連載とは別記事ですが、「田島梅子没後八〇年を記念して」(1990年11月20日・19号)は、社会主義と文学に情熱を燃やした田島梅子を紹介しています。田島さんは梅子の甥にあたります。「そそり立つ　秩父の峰に神秘あり　吾かくめいの　御告をききぬ」

と詠んだ梅子は、堺利彦が設立した「売文社」の事務を担当し、堺が秩父事件に関心を持つきっかけのひとつが、彼女との出会いだったといわれています。秩父事件ビギナーの私にとって、『秩父』にはこのような興味深い発見がたくさんありました。

事件参加者末裔の名誉回復は、顕彰活動の柱のひとつでしたが、その結実が連載「子孫を訪ねて」（のちに「秩父事件をめぐる人びと」に改題）です。

連載第1回（1989年1月20日・10号）は加藤織平の曽孫、加藤仁男《いくお》さん。1988年の暮れ、石間の仁男さんの自宅を訪ねています。当時59歳だった仁男さんは、織平についで「世のため人のために命を捨てたのですから、それは立派だと思います。億万の財産を残してくれるより別の意味で偉大なことだと私は誇りに思っています」と語っています。

落合寅市の孫、落合忠義さんは1991年当時55歳、秩父市上宮地町《かみみやじまち》在住。父・九二緒さんが創刊した、「自由新聞」を発行しつづけている忠義さんは、「私は秩父事件にも祖父寅市にも誇りをもっています。祖父や父が残した資料はきちっと次の代に托します」と語っています。忠義さんの笑顔は、写真で見る寅市の顔を彷彿《ほうふつ》とさせています。

田代栄助、坂本宗作、菊池貫平、新井周三郎、井出為吉、高岸善吉などの子孫も訪ね、資料的価値の高い聞き取りを行っています。取材・執筆を担当したのは、新聞記者だった大沼田鶴子さん。足で取材し史実究明する手法が好きだった大沼さんが、訪問した事件関係者は計りしれないといいます。そして、『女たちの秩父事件』（共著・新人物往来社）の著者である大沼さんは、女性向上の視点にもこだわりを持ち、その中でも小柏常次郎の妻・小柏ダイには特別な思いを寄せていました。

「子孫を訪ねて」のほとんどの写真を担当しているのは、『写真でみる秩父事件』（井上光三郎との共著・新人物往来社）の著者、写真家・品川栄嗣《えいじ》さん。子孫の方々の笑顔のアップの写真がすばらしいです。『秩父』全般の写真担当の品川さんの写真は、クオリティーの高さと記録性において、『秩父』のビジュアルを支えています。本書の表紙カバーに使用した椋神社の写真も品川さんの撮影です。

交渉と陳情を重視した秩父困民党は、小集会を重視しました。集会条例によって集会を禁じた時世に、加藤織平の家は信頼のできる場所のひとつでした。品川さんが撮影した、加藤家の土蔵2階内部の写真が掲載されています（1994年9月・42号）。事件から110年の時を経て、壁や床板は荒廃していますが、ここで蜂起の密議がなされたと思うと、感慨ひとしおです。品川さんは「この蔵は長年撮影を夢みてきた念願の秩父事件史跡の一つ、開かずにきた扉が当主の仁男さんの好意でついに開き、夢中で撮りました」と語っています。

1992年発行の『秩父事件ガイドブック』刊行記念として始まり、精力的に行った春と秋のフィールドワーク。第1回「旧風布村」の参加者は146人でした。秩父の風土と人々をリアルに感じることを主題にした、このフィールドワークの集大成が、『秩父事件ガイドブック』の改訂版、『ガイドブック秩父事件』です。

秩父事件の映画化の第1報が載った、2002年7月発行・89号には、神山征二郎監督が寄稿をしています。

〈秩父事件はわが国の近代史の黎明《れいめい》期の国権と民権の相剋《そうこく》である。悪しき権力は大衆をあなどり、さげすむ。そして己を腐敗させ、それにも気づかなくなってゆく。歴史の主人公は大衆、民衆の中にこそあるのだと、伝蔵や、蜂起した万余の人々も考えていたのではないだろうか。〉

脳梗塞で倒れ闘病中だった中澤市朗さん（協議会顧問）が、亡くなったのは2005年8月でした。葬儀で弔辞を述べたのは篠田さん（協議会事務局長）でした。その弔辞が2005年11月発行・109号に載っています。

〈（中澤さんの）著作を読み、秩父事件の研究を志した人も数知れません。また、フィールドワークでの独特の解説は、参加者から「中澤節」と名付けられ、多くの中澤ファン・秩父事件ファンが生まれました。……私たちは中澤さんの先行研究に学び、それを発展させようと研究を重ねて、ようやく事件120周年の昨年8月、『秩父事件――圧制ヲ変ジテ自由ノ世界ヲ』（新日本出版社）を発刊することができました。副題の「圧制ヲ変ジテ自由ノ世界ヲ」は一参加農民が叫んだ言葉の一節ですが、中澤さんが好んで使った言葉でもあります。わが会はまた、神山征二郎監督による秩父事件120周年記念映画『草の乱』のシナリオ段階から関わりを持ち、製作・上映運動に全面的な協力を行ってきました。残念なのは、中澤さんにこの映画を観てもらえなかったことです。一昨年以来、映画『草の乱』の制作と上映によって、秩父事件への関心がかつてない高まりを見せています。中澤さんが50年前に蒔いた種が実を結んだといっていいでしょう。中澤さん！　私たちは、〝秩父事件の研究と顕彰を統一的に進める〟というあなたの意志を受けつぎ、さらに努力することをお誓いして弔辞といたします。中澤さん！　安らかにお眠りください。2005年8月16日〉

（6）秩父事件は「近代以降の民衆の抵抗の証」

「しんぶん赤旗」に連載された「秩父事件を歩く」を書くにあたり、新井健二郎さんの次男・新井杉生さんにも会い、話を聞かせていただきました。そのとき強く印象に残った、杉生さんの発言を紹介します。

――日本共産党員として、新井さんの個人的な見解でもいいですが、秩父事件顕彰についてどう考えていますか？

『日本共産党綱領』の一番最初に『日本共産党は、わが国の進歩と変革の伝統を受けつぎ、日本と世界の人民の解放闘争の高まりのなかで、１９２２年7月15日、科学的社会主義を理論的な基礎とする政党として、創立された』とあります。党創立以来、日本共産党は、社会進歩のゆるぎない理論的な確信と、幾多の先人のたたかいをまっすぐ受け継ぐ決意があったからこそ、どんな弾圧にも屈することなく、侵略戦争反対を貫くことができたのではないでしょうか。現在の党の活動の原点は、こうした戦前の不屈の活動であり、私たち党員を限りなく勇気づけてくれます。そして、戦前の党員たちが受け継ごうとした進歩と変革の伝統のひとつに、秩父事件も挙げられるのではないでしょうか。理論武装もしっかりしていた秩父事件は、近代以降の民衆の抵抗の証として重要なできごとです。私は今、党の専従として活動していますが、秩父事件をどうとらえているかといえば、そういうことになります」

——今、戦後最悪の政権と評されている安倍政権下で、日本国憲法改正という最悪のシナリオが推進されています。「近代以降の民衆の抵抗の証」の原点・源流である、秩父事件の今日的な意義は大きいですね。

「そうですね。日本人は従順だとか、お上に逆らわない国民だとかよくいわれますが、歴史的に見れば民衆がたたかった例はいっぱいありました。リアルタイムな例をあげれば、たとえば原発問題ですが、25自治体が原発建設を阻止しています。だから、秩父事件をはじめ、たたかいの歴史を評価することが当たり前になれば、日本だって変わると思います」

「秩父事件を歩く」連載最終回が掲載された日（2017年11月8日）、新井杉生さんからメールをいただきました。

「毎週水曜日を楽しみにしておりました。スマホでラインにのせると、オーストラリアの娘がアルバムにして『おじいちゃん、すごい』などと書き込まれておりました。私自身も初めて見る写真もあり、懐かしいご近所や党の方（万歳の手で顔がかくれがちでしたが）に再会することができました。総選挙期間中に私の名前まで記載していただき、候補者活動中も話題になりました。ありがとうございました。葛飾では今度の日曜日が、総選挙につづいて区長・区議選の投票日です。『自由と民主主義』の旗を引き継ぎ、勝利めざしてがんばります。日本共産党葛飾地区委員会　新井杉生」

オーストラリアに在住しているのは、新井杉生さんの次女だそうです。秩父事件に参加した新井寅五郎から数えて、秩父困民党5代目末裔です。

「秩父事件を歩く」連載終了後、新井健二郎さんからも手紙をいただきました。

「取り巻く山々の木も、深み征《ゆ》く秋に、日に日に色を濃くしております。本日11月8日、第6回目の『秩父事件を歩く』を読ませていただきました。感銘深いものがあります。私の数十年にわたった思いを文章化され、その都度の映像と共に、最も誇り高き権威ある赤旗に6回にもわたって連載して頂いたことを、感謝申し上げ御礼申し上げます。有難う御座いました。卒論に秩父事件を書くという中京大学の学生も見えました。私も快く答えました。その後も鹿児島や広島からも来訪者があり、講演の依頼も複数続いています。この年になっても、皆さんの圧制を変じて良政に変えようという思いに少しでもお役に立つならと決意しております。幸い家族に支えられ恵まれた環境の中で過ごさせて頂くことに感謝しております。２０１７年11月８日　新井健二郎」

新井さんからいただいた、ワープロ打ちの自身のプロフィルの末尾には「日本共産党創立百年を夢見て」とあります。その時まであと４年。今年11月15日、新井さんは満93歳の誕生日を迎えます。

〈参考資料〉

☆秩父事件研究顕彰協議会編『秩父事件　圧制ヲ変ジテ自由ノ世界ヲ』（新日本出版社・2007年1月10日　第9刷）

☆『ともに学ぶ人間の歴史　中学社会　歴史的分野』（学び舎・2015年）

☆『詳説日本史B　改訂版』（山川出版社・2017年）

☆井上幸治『秩父事件──自由民権期の農民蜂起』（中公新書・1968年）

☆井出孫六編著『自由自治元年──秩父事件資料・論文と解説』（社会思想社・現代教養文庫・1987年）

☆篠田健一「秩父事件顕彰運動」（高島千代・田崎公司編著『自由民権〈激化〉の時代──運動・地域・語り』・日本経済評論社・2014年）

☆板垣退助監修『自由党史』（岩波文庫・上中下3巻・1957〜1958年）

☆秩父事件研究顕彰協議会編『ガイドブック秩父事件』（新日本出版社・1999年）

☆堺利彦「当なし行脚（其二）百穴＝田植＝秩父騒動＝長瀞」（『中央公論』1927年8月号）

☆堺利彦「秩父騒動」（『改造』1928年10月号）

☆不破哲三『歴史から学ぶ──日本共産党史を中心に』（新日本出版社・2013年）

☆中澤市朗「殉難者遺族との対話を」（『自由民権百年』・自由民権百年全国集会実行委員会・1

981年）
☆中澤市朗『改訂版自由民権の民衆像――秩父困民党の農民たち』（新日本出版社・1996年・改訂版第1刷）
☆吉田町教育委員会編『吉田町史』（吉田町・1982年）
☆秩父事件研究顕彰協議会会報『秩父』合本1（秩父事件研究顕彰協議会・2010年）
☆秩父事件研究顕彰協議会会報『秩父』合本2（秩父事件研究顕彰協議会・2010年）
☆五十嵐睦子ほか著『女たちの秩父事件』（新人物往来社・1984年）
☆井上光三郎・品川栄嗣『写真でみる秩父事件』（新人物往来社・1982年）

本書を出版するにあたり、以下の方々にお世話になりました。

新井健二郎さん（秩父事件研究顕彰協議会・顧問）、篠田健一さん（秩父事件研究顕彰協議会・会長）、品川栄嗣さん（写真家）、新井杉生さん（東京都葛飾地区委員長）、折笠里美さん（「しんぶん赤旗」行楽部）、久野通広さん（新日本出版社）。

本文中の写真の多くは同協議会編『ガイドブック秩父事件』『秩父事件——圧制ヲ変ジテ自由ノ世界ヲ』（共に新日本出版社）より転載させて頂きました。

ありがとうございました。

ツルシカズヒコ（つるし・かずひこ）

1955年宮城県生まれ。本名は靍師一彦（つるし・かずひこ）。編集者・ジャーナリスト・日本近現代史研究者。『週刊SPA!』3代目編集長を経てフリーランスに。「しんぶん赤旗」で「ツルシのぶらり探訪」連載中（イラストは妻のワタナベ・コウ）。著作に『「週刊SPA!」黄金伝説――1988～1995　おたくの時代を作った男』（2010年、朝日新聞出版）、『ポチ＆コウの野球旅』（ワタナベ・コウとの共著、2004年、光文社・知恵の森文庫）など。ワタナベ・コウとインディーズ・マガジン『クレイジー・ヤン』発行。ブログで「あきらめない生き方――詳伝・伊藤野枝」連載中。

秩父《ちちぶ》事件《じけん》再発見《さいはっけん》――民主主義《みんしゅしゅぎ》の源流《げんりゅう》を歩《ある》く

2018年7月25日　初　版

著　者　ツルシ　カズヒコ
発行者　田　所　　稔

郵便番号　151-0051　東京都渋谷区千駄ヶ谷4-25-6
発行所　株式会社　新日本出版社
電話　03（3423）8402（営業）
03（3423）9323（編集）
info@shinnihon-net.co.jp
www.shinnihon-net.co.jp
振替番号　00130-0-13681

印刷　亨有堂印刷所　　製本　小泉製本

落丁・乱丁がありましたらおとりかえいたします。

ISBN978-4-406-06256-5 C0021　　Printed in Japan

秩父事件

圧制ヲ変ジテ自由ノ世界ヲ

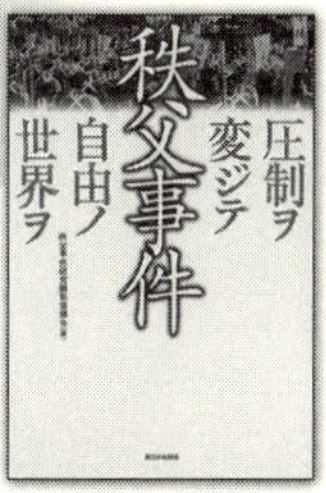

秩父事件研究顕彰協議会 編

1884 年の埼玉県秩父。生糸の暴落と増税、高利貸による土地のとりあげに苦しむ民衆が、明治政府に真っ向から立ち向かった——秩父困民党の蜂起である。暮らしの改善めざし政治の変革を求めた３千人を超える人びと。その命がけの戦いが現代に送る強烈なメッセージとは？

◉定価：本体1619円＋税／四六判 ISBN978-4-406-03101-1

高崎
岩鼻
新町
藤岡
本庄
岡
深谷
熊谷
天引
下日野
小柏
上日野
八幡山
児玉
金屋
鬼石
三波川
西御荷鉾山
河内
杉の峠
矢那瀬
太駄
野上下郷
寄居
鉢形
万場
矢納
高牛
出牛
金尾
太田部
城峰山
金沢
野上
秋山
三品
土坂峠
奈良尾
風布
坂丸峠
上日野沢
下日野沢
金崎
下田野
西ノ入
石間
小前
皆野
落合
藤倉
上吉田
栗野山
阿熊
大渕
日尾
太田
三沢
小川
下吉田
久長
黒谷
粥新田峠
坂本
三山
千鹿谷
井上
巣掛峠
伊古田
定峰
埼玉
薄
飯田
小鹿野
大野原
両神
音楽寺
般若
小鹿坂峠
小森
別所
横瀬
古池
長留
大宮郷（秩父）
久郡
芦ヶ久保
贄川
影森
正丸峠
大滝
白久
武甲山
上田野
妻坂峠
山伏峠
三峰神社
浦山
吾野
鳥首峠
上名栗
下名栗
飯能
雲取山
東京